USUI REIKI RYOHO
Universel Tibétain

NIVEAU 4

Manuel de Certification avec
Harmonisation Spirituel

GUÉRISON PAR L'ÉNERGIE POUR MAÎTRE ENSEIGNANT

SONYA ROY

USUI REIKI RYOHO
Universel et Tibétain

MANUEL DE CERTIFICATION POUR MAÎTRE ENSEIGNANT

GUÉRISON PAR L'ÉNERGIE AVEC HARMONISATION SPIRITUEL

SONYA ROY

Texte et image concept: Sonya Roy

Photos de l'auteure: André Roy

ISBN: Livre broché en couleur: 978-1-990067-04-4

Pour commander des exemplaires supplémentaires de ce livre, contactez l'auteure ou Amazon. Vous pouvez contacter l'auteure par le biais du multimédia:

Site Web: Sonyaroy.com/French/

Email: info@sonyaroy.com

Facebook: www.facebook.com/sonya.roy.author

www.facebook.com/conscienceeveiller

Twitter: @RoySonyaroy

Podcast: sonyaroy.podbean.com

Date révisée: 2021-07-28

Dépôt légal : Bibliothèque et Archives Canada
Categorie : Éducation & reference (Éducation) Training & certification
Éducation & reference (Reference) Handbooks & Manuals

Institut de la Conscience Éveillée
336 Rue Robert
Ange-Gardien, Québec, Canada, J0E 1 E0
Tel : (450) 210-3101

Avis aux Lecteurs

Les idées et techniques décrites dans ce manuel sont destinées aux élèves de Reiki. L'aptitude à recevoir et à donner l'énergie Reiki ne peut être transmise sans avoir reçu précédemment un placement de l'énergie ou une harmonisation de l'énergie par un maitre enseignant.

Cette harmonisation peut varier selon la méthode que le maitre enseignant a reçue.

Ce manuel contient toute l'information nécessaire pour couvrir le cours de Reiki niveau 4. Ce manuel est conçu pour être joint à un cours de formation par un maitre enseignant.

L'auteure de ce livre ne dispense pas d'avis médical ni ne recommande l'utilisation de ces techniques comme forme de traitement pour des problèmes physiques, émotionnels ou médicaux sans l'avis d'un médecin, que ce soit directement ou non. L'objectif de l'auteure est uniquement de vous offrir des informations générales pour vous aider dans votre quête de bienêtre émotionnel et spirituel, dans le cas où vous utiliseriez l'une des informations de ce livre pour vous-même, ce qui est votre droit constitutionnel. L'auteure et l'éditeur n'assument aucune responsabilité pour vos actes.

Selon l'association canadienne de Reiki, toute personne qui reçoit et donne du Reiki comprend les principes suivants :

Le Reiki est une méthode de relaxation et de détente.

Les sessions administrées ont pour but d'aider à relaxer et à relâcher le stress.

La praticienne de Reiki ne fait pas de diagnostic, ne prescrit aucun médicament ou substance et n'effectue pas de traitement médical. Elle n'interfère pas avec les traitements de professionnels médicaux licenciés.

Il est recommandé de voir un professionnel de la santé ou un médecin pour les problèmes physiques ou psychologiques ainsi que pour toutes autres conditions vous affectant.

Remerciements

À tous ceux qui ont contribué à l'instruction et à la distribution du Usui Reiki Ryoho Tibétain à travers le monde, sans qui le partage de cette énergie et le développement de l'humanité auraient été grandement retardés : recevez toute ma gratitude!

À toutes les braves âmes qui se dévouent chaque jour pour faire de notre monde un endroit meilleur, rempli de lumière, d'amour et de compassion : je vous dis merci!

À toutes les gens qui entreprennent leur cheminement spirituel en questionnant chaque étape, en développant leur intuition et en acceptant les enseignements seulement après les avoirs examinés consciemment : continuez vos efforts!

TABLE DES MATIÈRES

Horaire

Jour 1

09:00	Présentation de l'enseignant, et des étudiants; ce qu'on apprend aujourd'hui; manuel pour chaque étudiant
09:15	Harmonisation maître enseignant tibétain
09:45	Révision des niveaux 1, 2, 3 + symbole tibétain
11:30	Symbole tibétain : Serpent de Feu, Dai Ko Mio
12:00	Initiation à la volonté Divine (méditation)
12:30	Diner
13:30	Initiation à la Sagesse Divine (méditation)
14:00	S'entraîner à donner du Reiki, style de partage
14:30	Soirée de Reiki avec le professeur
15:00	Valeur et importance spirituelle d'un maître enseignant
16:00	Comment enseigner, Gestion des classes, des étudiants
16:30	Développement des affaires et idées de marketing
17:00	Fin de la classe

Jour 2

09:00	Initiation à l'amour Divin (méditation)
09:30	Techniques de respiration pour circuler l'énergie dans tous les corps
10:00	Importance de la méditation au quotidien
10:45	La nature divine de Usui Reiki Universel/Tibétain
11:15	Initiation à l'enracinement du Divin (méditation)
11:45	Comment créer un portail
12:00	Diner
13:00	Apprentissage des harmonisations pour niveau 1,2,3,4 + Initiations et pratique
15:15	Harmonisation de soi
15 30	Association canadienne de Reiki
16:30	Questions
16:45	Certificat + + Devoir
17:00	Harmonisation psychique (optionnel)

INTRODUCTION

Vous vous lancez maintenant dans un voyage vers un partage de ce que vous avez appris dans les autres niveaux. Bien que ce niveau soit celui de maître enseignant, ne gonflez pas votre ego avec le titre! Et ne vous reposez pas non plus sur vos lauriers, après ce cours. Le titre de maître signifie seulement que vous apprenez à vous maîtriser.

À ce stade, je m'attends à ce que mes élèves aient intégré les enseignements précédents dans leur vie quotidienne. Il y a des attentes de ma part pour qu'ils méditent et qu'ils se connectent quotidiennement à l'énergie de la Terre Mère, à leur moi supérieur et à leur Source, quelle qu'elle soit.

La Source peut être définie de diverses façons. Pour certains, c'est Dieu; pour d'autres, cela peut être Gaïa ou bien l'Univers; cela peut aussi être leur moi éclairé; cela pourrait être une déesse. Le nom que nous donnons à une chose n'est pas important, car il varie d'une culture à l'autre. La Source ne varie pas. La Source est la puissance infinie qui crée toute chose. Elle se trouve dans l'espace entre les atomes et dans celui entre les molécules; en d'autres termes, c'est le Reiki. Bien que je ne m'attende pas à ce que mes étudiants donnent du Reiki à tous les jours, je m'attends à ce qu'ils se connectent à la Source chaque jour.

C'est à eux de choisir leur méthode de connexion. Ça peut être par la méditation, par une promenade dans un parc, par le jardinage, par le chant ou par la créativité. Mais j'espère qu'au moins une fois par jour, ils s'ouvrent à la Source.

Être enseignant, c'est quelque chose que vous devez prendre au sérieux, car vous l'êtes tout le temps, et pas seulement dans une salle de classe. Vous êtes un modèle que les gens admireront, où que vous soyez. Votre comportement va renforcer votre enseignement ou, au contraire, vous faire perdre toute crédibilité. Il est important que vous fassiez tout ce que vous enseignez à faire. N'oubliez pas que ce que vous envoyez dans l'Univers, c'est ce qui vous reviendra. Soyez donc honnête, soyez intègre et prenez votre rôle au sérieux. Surtout, restez humble.

Lorsque vous donnez du Reiki, rappelez-vous que vous n'êtes vraiment que le canal de la Source. En tant que maître enseignant, vous êtes le guide qui pousse ses élèves dans la bonne direction, en honorant leur rythme et leur lutte intérieure. Ce n'est pas à vous de juger. Votre rôle est de soutenir et d'avoir de l'empathie et de la compassion pour tous ceux qui viennent à vous avec le désir de se guérir eux-mêmes, ainsi que pour ceux qui les entourent.

Vous jouez un rôle important, en tant que maître enseignant, dans la diffusion du Reiki à travers le monde entier. Le Reiki Usui a été transmis depuis plusieurs générations comme une méthode spécifique d'échange d'énergie.

Nous apprendrons comment transmettre les harmonisations aux étudiants et comment utiliser une harmonisation comme méthode de guérison. Les Tibétains, les Égyptiens et plusieurs autres cultures croyaient que la respiration était essentielle pour absorber l'énergie de la Source. Nous allons donc couvrir différentes techniques de respiration.

Notre cours abordera également les détails de l'administration des cours, comment se commercialiser et comment développer sa pratique en tant que maître enseignant. Je transmets librement toutes les techniques que j'utilise et qui m'ont permis de réussir, dans l'espoir qu'elles fonctionneront aussi pour vous. J'aborde le monde du point de vue des ressources illimitées. Je n'ai pas peur d'enseigner à plusieurs classes de maîtres enseignants par année, car je sais que je n'attirerai pas les mêmes étudiants que mes maîtres enseignants nouvellement formés. Il y a plus que suffisamment de gens qui ont besoin d'apprendre le Reiki et je ne peux pas leur enseigner à tous. Mes étudiants m'entendent souvent dire que le Reiki devrait être comme les premiers soins : au minimum une personne par famille devrait être capable de donner du Reiki. Il y a beaucoup de gens qui ne connaissent pas encore le Reiki.

Le niveau de maître enseignant ne se limite pas à devenir enseignant. Il s'agit d'apprendre des techniques importantes et d'élargir notre canal central pour pouvoir générer un plus grand volume d'énergie Reiki. Ce n'est pas tout le monde qui suit la classe de maître qui deviendra nécessairement enseignant. Être maître, c'est intégrer tout ce que vous avez appris dans vos rituels quotidiens. Il s'agit de maîtriser votre capacité à canaliser le Reiki toute la journée et à le diffuser dans le monde qui vous entoure, laissant les espaces publics nettoyés par le Reiki que vous laissez derrière vous.

Tout est connecté. La recherche a prouvé que tous les arbres de la forêt communiquent entre eux par leurs racines. Si un arbre ressent des douleurs, tous les arbres de la forêt lui viennent en aide en envoyant de l'énergie à cet arbre. Tous les humains sont connectés de la même manière. En laissant de l'énergie tout autour de nous, nous sommes en mesure d'en donner aux autres lorsqu'ils arrivent dans ces zones.

C'est ainsi que les vortex d'énergie ont été créés. Les empathe et les personnes clairsentientes sont capables de détecter les zones où plusieurs cérémonies ont eu lieu. Que ce soit parce que les lignes énergétiques de la Terre s'y croisent ou parce que leurs énergies ont maintenant été augmentées à cause des cérémonies organisées dans ces endroits, les zones sacrées ont été identifiées en premier lieu comme des zones hautement énergisées.

De la même manière, lorsque vous enseignez ou donnez du Reiki, votre capacité à canaliser un volume plus élevé de Reiki permet à celui-ci de se répandre dans la salle, ce qui peut faire de cet espace un espace sacré. Par conséquent, même si vous n'avez pas l'intention d'enseigner, en suivant la classe de maître enseignant de Reiki, vous améliorerez votre capacité à canaliser plus de Reiki. En vous intégrant et en vous connectant à la Source, vous gagnerez en sagesse, dans votre vie. Pour quiconque vous observe, vous deviendrez un enseignant.

Finalement, pour plusieurs d'entre vous, il y aura des gens qui vous encourageront à enseigner et vous saurez qu'il est temps de vous y mettre. Pour certains d'entre vous, cela pourrait prendre six mois, et pour d'autres, cinq ans. Ce n'est pas important. Faites confiance à votre intuition et entreprenez cette étape du voyage lorsque vous vous sentirez appelé à le faire. Je veux vous souhaiter à tous la bienvenue dans ma tribu. Que la Volonté Divine, l'Amour divin et la Sagesse Divine vous accompagnent dans votre voyage.

HARMONISATION MAÎTRE ENSEIGNANT

Lors de l'harmonisation de maître enseignant, vous recevrez les symboles tibétains maîtres et, de ce fait, vous aurez la possibilité de transmettre des symboles Reiki à d'autres. Par conséquent, vous recevrez la capacité d'initier les autres à la guérison énergétique. À l'origine, les chamans emmenaient leur tribu dans un lieu sacré pour qu'elle se lie à une énergie spécifique de la Terre. Cela permettait d'améliorer la capacité des personnes à voir au-delà du voile, afin qu'elles reçoivent les signes leur annonçant qu'elles étaient prêtes à être initiées.

Suivant la culture, ces initiations variaient. Dans le cas d'Usui, il reçut la lumière blanche et brillante après 21 jours sur le mont Kurama, au Japon. L'emplacement qu'il avait choisi sur la montagne se trouvait près d'une cascade, avec vue sur la vallée. Il serait difficile, pour quiconque souhaite être initié au Reiki, de se rendre précisément à cet endroit particulier. Grâce à l'harmonisation, les maîtres sont comme des portails reliant l'emplacement aux étudiants. L'initiation varie, selon qu'on utilise la méthode de Takata ou la méthode d'Usui (Ouest ou Est). Takata était connue pour son enseignement variable au sein de la même classe et pour ses harmonisations incohérentes. J'utilise donc le style Usui / Tibétain pour les harmonisations.

L'initiation que vous recevez aujourd'hui compensera, si jamais l'un de vos anciens professeurs avait coupé les coins ronds et négligé de s'assurer que chaque symbole était correctement et adéquatement activé en vous. L'harmonisation elle-même ouvrira votre canal central et ouvrira davantage vos chakras des mains, améliorant votre capacité à absorber et à donner un volume plus élevé de Reiki. Cela vous permettra alors d'émettre le Reiki, non seulement par vos mains, mais également par votre Aura ou champ aurique. Il s'agit de la dernière harmonisation de la méthode Usui Reiki Ryoho. J'espère que maintenant, vous vous êtes engagé à suivre chaque étape de la préparation pour votre harmonisation.

En tant qu'enseignante, il est également de mon devoir de me préparer à vous transmettre les initiations. Par conséquent, je suis les directives énumérées ci-dessous, afin d'être aussi claire que possible dans mon canal central, pour que vous puissiez recevoir la meilleure harmonisation possible.

TECHNIQUES DE RESPIRATION

Nous explorerons plusieurs méthodes de contrôle et de manipulation de chaque respiration. Certaines de ces techniques sont également utilisées en yoga. Un bon moyen d'en avoir une représentation visuelle est d'imaginer une baleine ouvrant la bouche et avalant des litres d'eau afin de se nourrir du plancton dans l'eau. La baleine ne se demande pas s'il y a du plancton ou non. En tant qu'être conscient, elle a la foi dans le fait que le plancton est là, et tant qu'elle se souviendra d'ouvrir la bouche et d'avaler de l'eau, elle sera nourrie. Nous devons nous rappeler d'ouvrir la bouche et de respirer profondément, en utilisant entièrement nos poumons, pour nous nourrir d'énergie divine.

Souffle de l'océan

Le premier souffle est le souffle de l'océan. Le souffle de l'océan, c'est lorsque vous inspirez profondément, en remplissant complètement vos poumons, puis que vous expirez en émettant un son fort. Ce son ressemble au vent sur les vagues. Vous prenez généralement quatre respirations, pour représenter les quatre directions (Nord, Sud, Est, Ouest).

Souffle de la vie

Le second souffle est le souffle de la vie. Cette technique consiste principalement à utiliser votre diaphragme pour respirer avec vos poumons en entier.

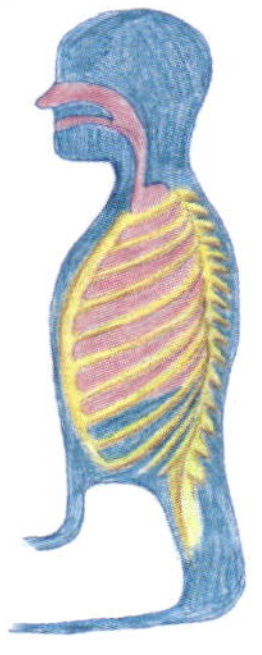	Au repos.
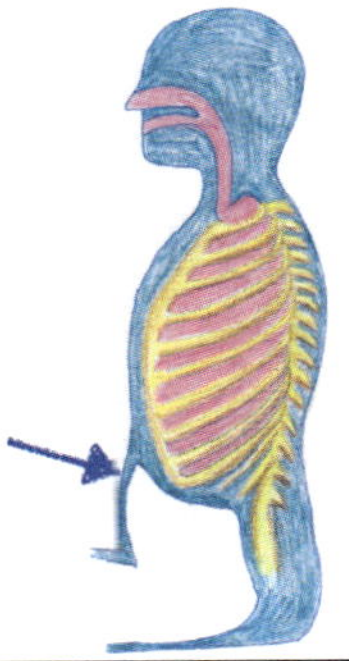	D'abord, inspirez avec la moitié inférieure de vos poumons, ce qui donne l'impression que vous remplissez votre estomac d'air, car votre diaphragme pousse votre estomac hors du chemin pour permettre une plus grande expansion pulmonaire.

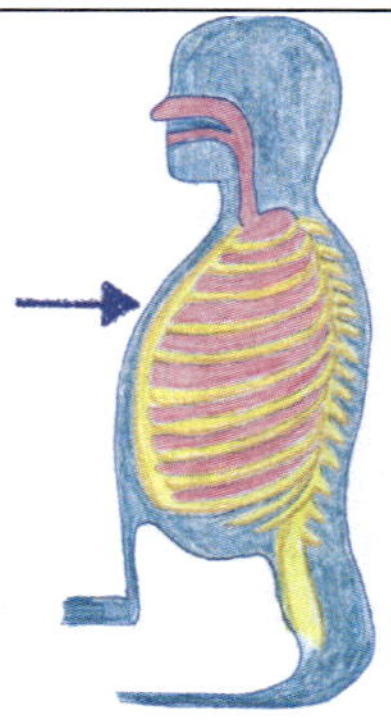	Deuxièmement, continuez à inhaler, mais avec le haut de vos poumons, jusqu'à ce que le haut de vos poumons soit plein
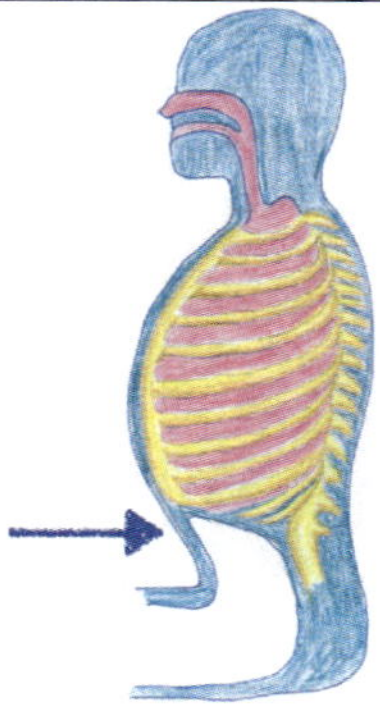	Troisièmement, expirez, d'abord avec la partie inférieure de vos poumons, en repoussant votre estomac et en comprimant votre diaphragme
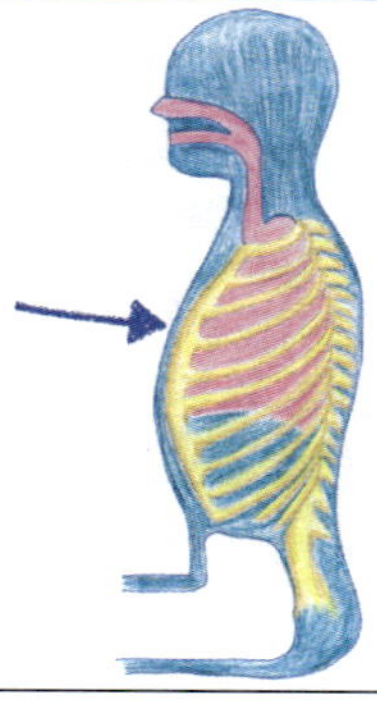	Enfin, finissez d'expirer l'air qui reste dans le haut de vos poumons.

La circulation de l'air permet à l'énergie de former une boucle infinie à l'intérieur du corps. Cette respiration peut être ralentie, tout en méditant, jusqu'à une cadence d'une minute par respiration, pour un utilisateur adepte.

Souffle purifiant

Le souffle purifiant est utilisé pour nettoyer les poumons. Ce souffle équivaut à recevoir un coup de poing dans l'estomac, qui expulse l'air d'un seul coup.

Tout d'abord, vous devez vous asseoir, le dos droit et les fesses sur les talons, les mains posées sur les genoux. Ensuite, vous devez inspirer par le nez et expirer brusquement, en utilisant le diaphragme pour expulser l'air par le nez. Vous devez le faire 27 fois.

Il est préférable d'avoir la bonne technique, lors de cette méthode de respiration, plutôt que de la faire rapidement. Une fois que votre diaphragme a été formé, vous pourrez faire cette technique plus rapidement. Vous pouvez tester l'efficacité de ce souffle en essayant à nouveau le souffle de vie et en observant combien d'air vous pouvez maintenant entrer dans vos poumons.

Pendant que je voyageais au Yukon avec mon fils, en 2016, nous dormions dans une tente-roulotte. À notre insu, il y avait une fuite de gaz propane à l'intérieur de la tente-roulotte. Nous nous sentions paresseux, fatigués, en perte d'appétit et ne pouvions pas expliquer nos symptômes.

Contrairement au gaz naturel, qui sent les œufs pourris, nous avons eu du mal à identifier la fuite de propane, qui sent les chaussettes sales. La tente-roulotte était vieille et non hermétiquement fermée, ce qui nous a sauvé la vie. Le gaz propane est plus lourd que l'air; il s'accumulait lentement au bas de la remorque pendant que nous dormions sur des lits surélevés. Une fois que nous avons découvert la fuite, nous avons coupé le gaz et aéré la remorque. Cependant, mon fils et moi avions du gaz propane dans nos poumons. Naturellement, notre corps essayait d'expulser le propane de nos poumons en nous faisant tousser. J'ai utilisé le souffle purifiant à tous les jours et j'ai arrêté de tousser après six semaines. Mon fils, qui avait 22 ans à l'époque, n'était pas intéressé par le souffle purificateur et il lui a fallu six mois pour arrêter de tousser.

Par cet exemple, vous pouvez voir l'efficacité de cette méthode de respiration. Elle peut être utilisée pour les personnes qui essaient d'augmenter leur capacité pulmonaire, comme les plongeurs, les ex-fumeurs ou les personnes qui souhaitent approfondir leurs méditations.

POINT HUI YIN

Les techniques de respiration suivantes sont nécessaires pendant les harmonisations. Elles sont utilisées pour attirer l'énergie et pour transmettre l'énergie des symboles tibétains. L'intention est toujours l'étape la plus importante vers les harmonisations, mais les harmonisations de la méthode Usui / Tibétain nécessitent le souffle pour transmettre l'énergie.

Pendant que nous travaillons avec ces techniques de respiration, nous emmagasinons l'énergie dans notre canal central. Le canal s'étend de notre chakra de la couronne jusqu'à notre chakra de la base. Nous y retenons l'énergie en utilisant notre langue et une contraction des muscles du chakra de la base. L'idée est de concentrer l'énergie et de la maintenir ainsi concentrée avant de la transmettre à l'élève, lors de tout type d'harmonisation.

La contraction du muscle au niveau du chakra de la base est appelée le point Hui Yin. Chez la femme, ce point est situé entre le vagin et l'anus. Pour les hommes, le point est situé entre le scrotum et l'anus.

Pour maintenir le point Hui Yin, vous devez contracter les muscles de cette zone et maintenir la contraction. Je trouve que cette contraction donne l'impression d'essayer d'empêcher la vessie de fuir, même si on n'a pas besoin d'uriner, dans le moment.

Cette contraction empêche l'énergie de circuler le long de vos jambes, dans vos chakras de la racine, et la maintient en place avant qu'elle ne soit transmise à l'élève.

L'étape suivante consiste à placer la langue juste derrière les dents antérieures de la mâchoire supérieure, également appelées crête alvéolaire. Cette action empêche l'énergie de retourner à travers votre chakra de la couronne.

Vous aurez besoin de maintenir ce point pendant toute l'harmonisation et de ne le relâcher qu'à la fin. Parmi toutes les étapes d'une harmonisation, c'est de loin celle qui nécessite le plus de pratique.

RESPIRATION DU REIN BLEU

Les respirations rénales bleues sont utilisées pour amener l'énergie Raku dans le corps. Commencez par utiliser le souffle de la vie. Concentrez ensuite votre attention sur la zone au-dessus de la couronne, votre étoile d'âme, et visualisez l'énergie Raku comme une brume d'un bleu profond. Continuez à respirer et, en inspirant, visualisez la brume qui descend à travers votre chakra de la couronne et s'accumule dans vos reins. Lorsque vous expirerez, vos reins retiendront l'énergie bleue et la brume sera libérée. Visualisez une brume blanche qui sort, comme lorsque vous expirez dans le froid.

LE SOUFFLE VIOLET

Le souffle violet est utilisé pour transférer le symbole du Maître tibétain, lors de l'harmonisation; il est également appelé le Souffle du Dragon.

Afin d'activer le souffle violet, vous devez d'abord activer le souffle de la vie. Ensuite, activez le point Hui Yin.

Vous allez maintenant visualiser une lumière blanche, entrant dans le chakra de la couronne, traversant votre langue et allant ensuite remplir le canal central.

Au fur et à mesure que vous continuez avec le souffle de la vie, vous verrez la lumière blanche devenir bleue et tourner, et en tournant, elle devient violette. Elle peut également devenir spontanément de couleur or.

Le Dai Ko Myo tibétain apparaîtra à l'intérieur de la lumière violette, et c'est alors qu'il est prêt à être transmis à l'étudiant.

Mettez vos mains au-dessus de la couronne de l'étudiant, puis soufflez le symbole dans le chakra de la couronne de l'étudiant.

IMPORTANCE de la MÉDITATION

Historiquement, nous savons que Maître Usui était bouddhiste et qu'il méditait régulièrement. C'est après 21 jours de méditation qu'il a reçu la lumière du Reiki. Mais il pratiquait la méditation depuis plusieurs années déjà. Bien que les harmonisations soient faites rapidement, votre dévouement à canaliser cette énergie reste vôtre. Comme devoir, au niveau 1, mes élèves doivent effectuer 21 jours de méditation matinale d'auto-guérison. Au niveau 2, ils doivent faire 40 jours d'auto-guérison et de pratique des symboles. Au niveau 3, ils doivent compléter 30 jours d'auto-guérison et s'entraîner à charger leur grille. Ce sont des devoirs et je n'ai aucun moyen de m'assurer que les élèves font réellement le travail. Après tout, ils ont le libre arbitre, je ne peux que suggérer et faire des recommandations. Chose intéressante, ce sont les étudiants qui pratiquent la méditation qui s'améliorent le plus rapidement. Faire ce devoir, c'est aussi essayer d'en faire une habitude quotidienne.

La pratique rend parfait et la régularité aide à intégrer un nouveau concept.
La méditation est l'une des façons par lesquelles nous pouvons prendre le temps de nous connecter. Il y a plusieurs manières de méditer. En tant que professeur de yoga, je prends le temps d'expliquer que faire du yoga est une façon d'écouter son corps, afin qu'une fois que le corps a été entendu, nous puissions entrer dans le shavasana pour travailler sur le nettoyage du corps mental. Je précise que vous ne devriez pas vous précipiter dans cette position, lorsque vous êtes allongé sur le sol, car ce n'est que l'étape 2 de 4.

Il y a un malentendu sur ce qu'est vraiment la méditation. Tout d'abord, il y a plus d'une façon de méditer. En Reiki, nous faisons une méditation en mouvement. L'auto-guérison est une forme de méditation : la méditation avec des symboles. Il y a aussi la méditation classique, où vous fermez les yeux et videz votre esprit. Mais il n'est pas nécessaire de méditer pendant une heure dans un endroit spécifique; la méditation peut ne durer que cinq à dix minutes et être très efficace.

Rinpoché Tenzin Wangyal parle de trois portes que nous devons franchir pour atteindre ce calme que nous recherchons en méditant. En premier lieu, il exige que nous écoutions le corps physique et ses messages. Ceci nous donne accès à la première porte, celle du corps mental. Une fois que celui-ci est en paix, la deuxième porte s'ouvre sur notre cœur, où nous devrons nettoyer tout blocage émotionnel, ce qui nous donne enfin accès à la troisième porte, celle de notre subconscient, où l'on rencontre notre enfant intérieur et notre moi supérieur. C'est à cet endroit que l'on trouve la paix intérieure.

Pour commencer notre cheminement vers la paix intérieure, le yoga peut être utile; en étant dans notre corps, en l'étirant et en faisant du yoga, nous pouvons écouter notre corps et être présent. Cela aide à s'asseoir ou à rester complètement immobile par la suite. Si vous écoutez votre corps, vous pourrez entendre des messages subtils provenant de picotements, de démangeaisons ou d'inconforts, et vous serez en mesure de reconnaître le message avant qu'il ne se transforme en maladie. Ce corps calme et tranquille vous permet d'ouvrir la porte au corps mental; dans le yoga, ce serait shavasana. Avant que l'esprit puisse être calme, il doit, comme le corps physique, être entendu. Ce sont toutes les distractions, les pensées sur la lessive, sur la liste d'épicerie et sur la liste de choses à faire qui viennent à l'esprit. Au lieu d'être frustré, prenez un stylo et un morceau de papier et énumérez tout ce qui vous passe par la tête. Cela vous aidera à décharger votre esprit du fardeau qu'il porte. Libérez-vous de votre anxiété en écrivant tout cela, afin que votre esprit puisse être soulagé du rappel constant qu'il doit vous envoyer pour que vous puissiez tout faire. Vous constaterez qu'une fois que tout est écrit, votre esprit est libéré de cet encombrement et il se calme. C'est comme la différence entre se lever dès que le réveil sonne le matin et pousser la sonnerie à répétition pour ne jamais se lever et ne rien faire. Vous devrez organiser une liste de choses à faire ou une liste de contrôle, trouver un moyen d'organiser vos pensées, puis accomplir ce qui est sur cette liste.

Finalement, vous aurez un esprit calme, non seulement pendant la méditation, mais toute la journée, car dès qu'une idée, une inspiration ou une information vous viendra à l'esprit, vous l'écrirez et l'intègrerez dans votre outil d'organisation. Vous verrez une augmentation de l'inspiration et de la créativité, car votre esprit ne sera pas pris dans la tornade des choses à faire.

Au fur et à mesure que vous continuerez votre pratique de méditation, vous apprendrez rapidement à calmer votre corps, en vous enlignant avec lui au début de la méditation, puis en faisant de même avec votre corps mental, et une nouvelle porte s'ouvrira : la porte émotionnelle. C'est la porte du cœur. Vous trouverez ici un référentiel d'émotions que vous vous refusez de ressentir par peur de l'embarras, à cause du caractère inapproprié que la société leur donne ou parce que vous ne vous sentez tout simplement pas à l'aise pour exprimer votre vérité. C'est peut-être aussi dû au fait que la société nous fait croire que c'est une faiblesse de pleurer ou que la manifestation physique d'émotions est un manque de maîtrise de soi. Quelle qu'en soit la raison, nous avons des émotions non ressenties et cela nous encombre le cœur. Nous avons peur de ressentir, parce que nous pensons que si nous laissons passer quelques larmes, cela brisera le barrage et nous ne pourrons jamais plus nous arrêter. Je suis désolée de dire ça, mais si vous ne le sentez pas maintenant, votre barrage finira par se briser de toute façon; vous ferez une explosion de colère, vous aurez une dépression ou vous développerez des troubles comme un comportement obsessionnel compulsif ou des troubles anxieux. Votre barrage commencera à fuir et à déborder.

Pour m'aider dans mon cheminement et pour m'assurer de démolir mon barrage émotionnel, j'ai commencé par aller seule à une semaine de retraite. Cela m'a donné du temps et un espace sûr pour ressentir. Peu importe que ce soit de la tristesse, de la colère, de la frustration ou de l'anxiété, c'était mon temps, loin du travail, des responsabilités et du jugement. J'étais libre de ressentir.

Bientôt, j'ai réalisé qu'une semaine par année, ce n'était pas suffisant. J'ai alors commencé à faire un nettoyage émotionnel, selon la tradition toltèque, à chaque printemps, pendant 45 jours, durant l'équivalent du carême. Pendant cette période, je ne mange que des fruits, des légumes et des grains, en évitant l'alcool, les drogues, le tabac, la caféine, la viande et le sucre. Pendant ce nettoyage, je médite quotidiennement, environ une à deux heures par jour. Je fais aussi un effort pour me connecter avec la nature, en silence. Tout ceci m'aide à être dans le moment présent et à relâcher la charge émotionnelle accumulée durant la dernière année.

Cette tradition n'est pas unique aux Toltèques : elle existe aussi pour les chrétiens, qui pratiquent le carême, une période de pénitence durant laquelle on se repent et pratique l'abnégation, afin de se préparer à la célébration prochaine de Pâques.

Et dans la tradition celtique, qui respecte les cycles de la nature, le printemps est un temps de renouveau, de renaissance et de nettoyage, non seulement pour la nature, mais aussi pour la vie intérieure.

Pour ma part, j'ai réalisé que si je médite régulièrement et que je reste en contact avec mes corps physique, mental et émotionnel, je peux me débrouiller au quotidien et éviter de me sentir dépassée. Mais cette pratique annuelle m'aide à déloger les petites choses que j'aurais tendance à ignorer, si je ne la faisais pas.

Cela peut sembler être un travail lourd, car il est épuisant de pleurer ou d'être en colère tout le temps. Avant qu'il y ait un barrage, il y avait une rivière avec un bon débit. Tous ces sentiments retenus doivent passer et nous devons déconstruire le barrage pour revenir à un flux régulier de la rivière. Cela peut prendre un certain temps et ne se fera pas du jour au lendemain. Je ne suggérerais à personne de faire quelque chose que je ne ferais pas moi-même. J'ai fait ce travail, j'ai lentement abordé ma peur de l'abandon et ma peur du rejet et j'ai traversé ces émotions de longue date jusqu'à ce que je me sente libérée. J'avais maintenant de l'espace et j'ai rempli cet espace de rire, de joie et d'amour. J'ai acquis une liberté et une paix dont je ne me souvenais plus depuis des années.

Par exemple, un soir, je suis allée jouer au billard avec des amis. Pendant que je jouais, j'ai senti combien mon frère et mon père me manquaient. Jouer au billard était quelque chose que nous faisions ensemble, mais à cause de mon travail, j'avais dû déménager à l'autre bout du pays et je ne pouvais presque plus les voir. Puis je me suis rendu compte qu'à chaque fois qu'ils m'avaient manqué, dans le passé, j'avais enterré mon émotion, car j'avais peur de la solitude qui m'enveloppait.

De plus, je devais travailler et m'occuper de mes trois enfants. Je ne pouvais pas me permettre d'être déprimée ou triste. Mais ce soir-là, j'ai pris le luxe de sentir à quel point mon père, qui était décédé, me manquait. En raison de la libération émotionnelle précédente, je l'ai fait, j'ai pu le ressentir, pleurer en silence et honorer notre relation. J'ai simplement arrêté de jouer, j'ai trouvé un endroit calme et j'ai pleuré jusqu'à ce que je sois soulagée de ce poids émotionnel. Je déconstruisais lentement mon barrage.

Je peux encore être prise de tristesse, mais cela ne déclenche plus un énorme débordement d'émotion retenue. Par exemple, je suis allée au cinéma avec mon fils et j'ai visionné « le but de vie d'un chien », peu de temps après le décès de notre chienne. Nous avons tous deux pleuré, parce que notre chienne avait été une merveilleuse compagne et qu'elle nous manquait. Mais cela ne nous a pas envoyés dans une spirale descendante, à pleurer pendant des heures. Nous nous sommes simplement rappelé l'amour que nous avions pour elle. On ne pouvait plus la tenir et caresser son poil si doux. Les gens qui ne prennent pas le temps de pleurer, seront constamment sollicités par une chanson, par une odeur, par un nom ou par un rire. Leur âme trouve le fardeau émotionnel très difficile à porter et doit s'en libérer. Et la seule façon d'être libre est de prendre le temps de ressentir.
Cela a permis à la troisième porte de s'ouvrir enfin et de me conduire vers le corps spirituel. C'est là que vous vous connectez avec votre moi supérieur, sans encombrement, et ne faites qu'un. C'est là que réside votre enfant intérieur, votre moi présent. C'est le but de la méditation, l'idée

derrière le fait de passer ce temps seul ou avec un groupe, en silence, à la recherche de votre connexion illusoire avec la partie de vous qui est Divine.

Beaucoup de gens trouvent difficile de se concentrer et de méditer. Ils pensent que cela devrait nécessairement être simple comme compétence et que n'importe qui peut méditer. Si, toutefois, ils ont de la difficulté à méditer, ils croient simplement qu'ils ne seront jamais capables de le faire. La méditation fait partie d'un apprentissage et elle nécessite une pratique quotidienne. Tout le monde peut y arriver, avec un peu de pratique et de savoir-faire.

Je me suis entraînée, dès mon plus jeune âge, à développer la capacité à me concentrer au milieu du bruit et des distractions. J'ai grandi avec six frères aînés qui, en tant que garçons, étaient bruyants, écoutaient de la musique et se disputaient. J'étais la plus jeune et j'ai dû développer ma concentration pour faire mes devoirs ou pour lire des livres. En essayant d'éliminer le bruit et les distractions de mon esprit, j'ai appris à développer ma concentration. La concentration est le muscle du corps mental.

Presque tout le monde peut faire n'importe quoi, s'il y consacre du temps et des efforts. Nous sommes ceux qui établissons nos limites. Certains croient erronément que s'ils n'ont pas de main, ils ne peuvent pas peindre. Pourtant, j'ai vu des artistes peindre avec leur bouche ou avec leurs pieds. Ils ont plus de dextérité et de capacité que la plupart des gens qui ont deux mains. Cela leur a demandé du temps, des efforts, de l'apprentissage et de la maîtrise de soi, mais ils l'ont fait. Ils ont dépassé leurs barrières physiques en choisissant de vivre au-delà des limites que la vie leur avait imposées.

De la même manière, votre corps mental a besoin du même dévouement et de la même concentration pour se développer et devenir fort. Vous ne pourrez peut-être pas le voir, mais le corps mental vous enveloppe et il existe. Il est lié à votre corps physique et, tout comme votre corps physique, il requiert de l'entrainement et de la discipline.

La concentration est le muscle du corps mental. N'importe qui peut pratiquer la méditation, mais il doit travailler sur cette concentration. Si j'achète une paire de souliers de course, cela ne me qualifiera pas nécessairement pour le prochain marathon; alors ne vous attendez pas à acheter un livre ou un cd et à devenir un maître de la méditation du jour au lendemain.

Il est préférable de méditer pendant cinq minutes, trois fois par jour, que d'essayer de le faire pendant une heure où vous êtes partout et ne pouvez pas vous concentrer.

Certaines méditations, comme la visualisation, sont un excellent moyen de commencer à apprendre à méditer. Vous utilisez votre imagination et concentrez votre énergie sur une série d'images qui vous sont décrites. Vous êtes guidé pour voir un certain paysage et, pendant que vous vous concentrez dessus, vous avez l'esprit clair.

À l'étape suivante, regardez une bougie et essayez de visualiser la bougie, les yeux fermés. Si vous perdez l'image, ouvrez simplement les yeux à nouveau, regardez la bougie et réinitialisez l'image dans votre esprit. Ensuite, développez votre habilité et allez vers une carte postale ou une image. Choisissez quelque chose de simple, comme une fleur au lieu d'un bouquet entier, et voyez vraiment tous les détails, la variation de couleur et la beauté de chaque pétale et de chaque feuille. Entraînez votre esprit à voir éventuellement un paysage entier et, peut-être, à l'animer dans votre esprit, comme par exemple un cheval blanc courant dans un champ à l'automne... Une fois que votre esprit est entrainé à imaginer des images, vous pouvez l'amener à voir les détails des couleurs; vous développerez également votre 3e œil et votre capacité à recevoir des couleurs et des images pendant que vous méditez.

Vous pouvez maintenant utiliser du son et des bols en cristal ou des bols tibétains comme arrière-plan; fermez les yeux, laissez-vous guider par votre connexion avec votre moi supérieur et recevez des images ou des messages durant votre méditation.

Un autre type de méditation comprend les mantras; l'un d'eux est appelé « méditation Jappa ». Tout comme dans le chapelet chrétien, ce mantra utilise de petites perles et des perles plus grosses. Il y a cent-huit petites perles, qui sont généralement pour de petits mantras ou prières, et quelques perles plus grosses, pour des prières plus longues ou pour une intention. Ces mantras sont très répétitifs et calment notre esprit, permettant l'ouverture de la couronne et la connexion à la Source. Certains mantras sont spécifiquement associés à certaines énergies. La plupart des mantras sont en sanskrit ou en tibétain. Dans le bouddhisme, certains mantras apportent la paix ou la guérison. Vous pouvez également choisir de méditer avec une certaine intention, qui peut devenir votre mantra. Par exemple: « Je vis ma vie avec un cœur ouvert ».

Cela vous amènera finalement à méditer avec un corps, un esprit et un cœur clairs et à accéder facilement et efficacement à votre centre.

Tout comme vous prenez le temps de vous doucher et de laver vos vêtements, vous devriez aussi prendre le temps de méditer. C'est une plainte courante que j'entends : il n'y a pas de temps. « Je cours toujours partout; je ne peux pas accepter une chose de plus. » Alors demandez-vous ce qui vous manque vraiment; ce n'est peut-être pas le temps, mais plutôt l'organisation et la planification… Il est peut-être temps de regarder combien de temps vous passez devant la télévision, sur les jeux vidéo ou sur les médias sociaux et de vous demander si vous ne pourriez pas vous réserver trente minutes par jour pour méditer, à la place.

La créativité est un excellent moyen de se connecter à son centre; c'est généralement ce qu'un passe-temps permet d'exprimer. Votre passe-temps peut être le jardinage, la cuisine, la décoration de gâteaux, le tricot, la peinture, la musique, l'écriture de poèmes, les compositions florales… C'est l'endroit où vous vous sentez capable de respirer, de vous détendre et de vous concentrer. L'inspiration vient la plupart du temps d'un endroit où vous trouvez ce lieu de calme. La méditation ne doit pas toujours se faire uniquement en position assise.

Je passe régulièrement du temps dans un temple bouddhiste pour des retraites, afin de faire de la méditation ou simplement de passer une journée en silence. Les bouddhistes font une méditation de travail : les jardiniers méditent pendant qu'ils nettoient le terrain. Ils utilisent leur connexion avant de tailler les buissons et les fleurs, afin de travailler en union avec les plantes. Ils font également de la méditation en marchant : une promenade en silence, pour entrer en contact avec la nature qui les entoure, pour lier leur énergie aux arbres, aux plantes et à la faune.

Il y a plus d'une façon de vous connecter à votre centre, à votre moi divin supérieur. Vous pouvez choisir une seule méthode, ou vous pouvez inclure une variété de méthodes pour fléchir tout votre corps mental. Mais que vous en choisissiez une ou plusieurs, le plus important est que vous le fassiez régulièrement. Je vous encourage davantage à le faire trois fois par jour pendant cinq minutes, plutôt qu'une heure une ou deux fois par semaine. C'est pourquoi j'assigne des devoirs de méditation à tous mes élèves pour chaque niveau de Reiki qu'ils suivent. Cela doit faire partie de leurs activités quotidiennes.

MÉDITATION EN MOUVEMENT

Cette méditation incorpore aux éléments de Reiki une philosophie similaire à l'exercice de Tai Chi ou de Qi Gong. Cette méditation est une excellente façon de s'ancrer dans les énergies de la Terre.

Étape 1

1) Commencez avec la pose de la montagne.
2) Dessinez le symbole UDKM dans vos mains.
3) Ramenez les mains devant vous, à environ 6 à 8 pouces de distance, et construisez une boule d'énergie.
4) Passez quelques minutes à bâtir une réserve d'énergie à l'intérieur de la bulle.
5) Déplacez les mains directement au-dessus de votre tête.
6) Tournez les paumes vers l'extérieur, au-dessus de votre tête.
7) Déplacez les bras dans un cercle, puis ramenez vos mains à votre cœur. Dites, à haute voix ou en silence, « DAIKOMYO ».
8) Sentez la bulle grandir autour de vous et vous envelopper.
9) Retournez les mains vers le chakra de la base et inspirez profondément.
10) En expirant, poussez l'énergie dans le sol. Répétez trois fois toutes ces étapes.

Étape 2

1) Ramenez les mains devant vous, à environ 6 à 8 pouces de distance, et construisez une boule d'énergie.
2) Passez quelques minutes à bâtir une réserve d'énergie à l'intérieur de la bulle.
3) Déplacer les mains directement au-dessus de votre tête.
4) Tournez les paumes vers l'extérieur, au-dessus de votre tête.
5) Déplacez les bras dans un cercle, puis ramenez vos mains à votre cœur. Dites, à haute voix ou en silence : « J'établis ma présence divine sur la Terre. »
6) Sentez la bulle grandir autour de vous et vous envelopper.
7) Inspirez profondément et, en expirant, poussez la bulle vers le chakra de la base.
8) Continuez de pousser l'énergie jusqu'au sol. Répétez trois fois toutes ces étapes.

Étape 3

1) Ramenez les mains devant vous, à environ 6 à 8 pouces de distance, et construisez une boule d'énergie.
2) Passez quelques minutes à bâtir une réserve d'énergie à l'intérieur de la bulle.
3) Déplacez les mains directement au-dessus de votre tête.
4) Tournez les paumes vers l'extérieur, au-dessus de votre tête.
5) Déplacez les bras dans un cercle, puis ramenez vos mains à votre cœur. Dites, à haute voix ou en silence : « J'accomplis mon dessein divin sur la Terre. »
6) Sentez la bulle grandir autour de vous et vous envelopper.
7) Inspirez profondément et, en expirant, poussez la bulle vers le chakra de la base.
8) Continuez de pousser l'énergie jusqu'au sol. Répétez trois fois toutes ces étapes.

Étape 4

1) Ramenez les mains devant vous, à environ 6 à 8 pouces de distance, et construisez une boule d'énergie.
2) Passez quelques minutes à bâtir une réserve d'énergie à l'intérieur de la bulle.
3) Déplacez les mains directement au-dessus de votre tête.
4) Tournez les paumes vers l'extérieur, au-dessus de votre tête.
5) Déplacez les bras dans un cercle, puis ramenez vos mains à votre cœur. Dites, à haute voix ou en silence, « DAIKOMYO ».
6) Sentez la bulle grandir autour de vous et vous envelopper.
7) Inspirez profondément et, en expirant, poussez la bulle vers le chakra de la base.
8) Continuez de pousser l'énergie jusqu'au sol. Répétez trois fois toutes ces étapes.

C'est une méditation que vous pouvez faire seul ou avec un groupe. Vous pouvez répéter cette méditation plusieurs fois, jusqu'à ce que votre esprit soit calme.

<table>
<tr><th colspan="3">Méditation en mouvement</th></tr>
<tr><td></td><td></td><td></td></tr>
<tr><td>Faites la pose de la montagne.</td><td>Déplacez les mains directement au-dessus de la tête.</td><td>Tournez les paumes vers l'extérieur.</td></tr>
<tr><td></td><td></td><td></td></tr>
<tr><td>Déplacez les bras dans un cercle, puis ramenez vos mains à votre cœur et dites « DAIKOMYO ».</td><td>Sentez la bulle grandir autour de vous et vous envelopper.</td><td>Inspirez profondément.</td></tr>
<tr><td></td><td></td><td></td></tr>
<tr><td>En expirant, poussez l'énergie dans le sol.</td><td>Laissez l'énergie pénétrer dans le sol.</td><td>Répétez trois fois pour « Dai Ko Myo ».</td></tr>
<tr><td>Répétez trois fois pour l'expression : « J'établis ma présence divine sur la Terre. »</td><td>Répétez trois fois pour l'expression : « J'accomplis mon dessein divin sur la Terre. »</td><td>Répétez trois fois pour « Dai Ko Myo ». Ceci complète un cycle.</td></tr>
</table>

TRAVAUX PRATIQUE

Usui a demandé à ses étudiants d'étudier, de pratiquer et d'utiliser le symbole pendant bien plus d'une journée. Traditionnellement, les étudiants passaient beaucoup de temps à faire leurs apprentissages et à travailler avec un maître, avant de partir seuls. Ce n'est plus vrai aujourd'hui. Les cours ont lieu le week-end et les élèves apprennent tous les symboles en un ou deux jours. C'est pourquoi je demande à mes élèves de compléter des cycles de méditation de 30 jours, afin d'assimiler et d'incorporer l'apprentissage dans leur pratique quotidienne. Le Reiki n'a pas été conçu pour être appris, puis mis sur une étagère et dépoussiéré une ou deux fois par an; il est destiné à vous connecter à votre nature divine et à nourrir quotidiennement cette divinité qui vit en vous.

Ce qui nécessite de la pratique à ce niveau, c'est le point Hui Yin et le placement du Dai Ko Mio tibétain. La meilleure pratique, qui résulte en un bénéfice de guérison pour vous, sera de compléter la méditation en mouvement Reiki, tout en utilisant le Dai Ko Mio tibétain comme substitut.

1) Tenez vos mains sur votre chakra du cœur.
2) Créez la boule d'énergie avec la lumière blanche.
3) Contractez et maintenez le point Hui Yin.
4) Créez le DKM tibétain avec du souffle violet.
5) Lorsque le symbole est prêt, soufflez-le dans la boule d'énergie entre vos mains.
6) La balle deviendra de couleur or.
7) Pendant que vous continuez votre mouvement, retenez le point Hui Yin jusqu'à ce que vous ayez terminé le mouvement.
8) Déplacez les mains directement au-dessus de la tête.
9) Tournez vos paumes vers l'extérieur et avancez-les au-dessus de votre tête.
10) Déplacez les bras en cercle, ramenez les mains à votre cœur et dites, à haute voix ou silencieusement, « DAIKOMIO ».
11) Sentez la bulle grandir autour de vous et vous envelopper.
12) Inspirez profondément et, en expirant, poussez la bulle vers le chakra de la base.
13) Continuez de pousser l'énergie jusqu'au sol.
14) Relâchez le point Hui Yin.

Répétez toute cette procédure trois fois.

Je recommande généralement à mes élèves de pratiquer pendant 30 jours, afin de renforcer leur capacité à tenir le point Hui Yin et de faciliter l'utilisation future du Dai Ko Mio tibétain.

LES SYMBOLES TIBÉTAINS

Les symboles tibétains ont été ajoutés parce qu'Iris pratiquait des méthodes de guérison tibétaines et parce que Robertson était également un chaman tibétain. Cependant, comme vous le verrez ci-dessous, le symbole maître Dai Ko Mio, que vous apprenez en écriture kanji, au niveau maître praticien, est maintenant utilisé avec un symbole du même nom, qui émane de la même couleur et sert le même objectif. Par conséquent, il est facile d'accepter que peut-être que les étudiants qui apprenaient le symbole ont oublié à quoi ressemblait le symbole et ont décidé de le substituer avec le kanji. On peut aussi penser que Mikao Usui connaissait le pouvoir de Dai Ko Myo, mais que, ne connaissant pas le symbole, il comprit que l'intention d'utiliser l'énergie de manière appropriée lui permettrait de canaliser l'énergie sans avoir à dessiner de symbole. Afin de différencier les deux, la version kanji est appelée Usui Dai Ko Myo (UDKM) et le symbole tibétain est appelé le symbole du maître tibétain, Dai Ko Mio (DKM).

Nous avons appris, dans les niveaux précédents, qu'il n'est pas nécessaire de dessiner le symbole; il suffit d'énoncer son nom et de se concentrer sur l'intention d'utiliser cette énergie. Que nous utilisions le symbole tibétain ou le kanji pour Dai Ko Myo, les deux sont interchangeables. Robertson a sans doute influencé le processus d'harmonisation, avec ses antécédents chamaniques tibétains. Mais les symboles, bien que censés être d'origine tibétaine, sont beaucoup plus anciens que le Tibet lui-même. La provenance du symbole est moins importante que la fréquence d'énergie qu'il transporte. Nous examinerons chaque symbole individuellement; nous apprendrons leur fonction et les situations adéquates pour les utiliser.

Cela explique également pourquoi il peut y avoir des processus d'harmonisations fluctuants. Le Usui Reiki Ryoho d'origine n'utilisait que les symboles Usui. Le Reiki Ryoho Usui / Tibétain utilise des symboles Usui et Tibétains. Les symboles tibétains n'interfèrent pas ou ne diminuent pas les symboles Usui. Ils sont utilisés en conjonction les uns avec les autres dans diverses formes de sessions, telles que le Reiki sur une table ou sur une chaise, l'auto-guérison, la longue distance et, surtout, les harmonisations.

DAI KO MIO TIBÉTAIN

Dessiner Dai Ko Mio 1) La longue ligne commence par une boucle et va de bas en haut.
2) La deuxième ligne est dessinée de bas en haut, en formant un siphon.
3) La troisième ligne est la petite ligne droite à l'intérieur du siphon.
4) La ligne finale est comme un coup de foudre tiré dans le siphon.

Le Dai Ko Mio est orthographié différemment, mais prononcé de la même manière que le Usui Dai Ko Myo. C'est un peu comme mon prénom, qui s'épelle souvent Sonia, mais que mon père préférait épeler avec un y. Les deux orthographes produisent la même phonétique. Certains diront que différentes lettres portent une énergie différente, en numérologie, et qu'une orthographe différente produit une vibration différente; je crois simplement que l'un est une représentation symbolique et que l'autre est une autre graphie pour désigner cette même énergie. Le Dai Ko Mio est de couleur violette ou dorée et est lié à l'élément Éther.

La représentation du symbole signifie « alimenter l'énergie dans quelque chose et l'ancrer dans la profondeur même de l'endroit où elle est placée »; la spirale représente la transmutation des anciennes énergies libérées, d'où son utilisation dans les harmonisations. Certains croient que la foudre est le symbole Raku incrusté à l'intérieur du siphon.

En géométrie sacrée, la spirale est représentée par la séquence de Fibonacci, appelée nombre d'or. Ce nombre d'or se trouve partout dans la nature et est une représentation de l'existence d'une création parfaite; c'est donc une représentation de la Source, cette puissance divine supérieure gouvernant l'univers. C'est pourquoi on pense que, pendant l'harmonisation, il entre par la couronne et illumine celui que nous sommes vraiment. Cela nous permet de réaliser notre divinité, ainsi que notre connexion à tout ce qui existe, et de nous ramener à notre Source. Cela nous aide à renouer avec notre nature divine.

Dai Ko Mio est reconnu comme étant un symbole de guérison fort qui efface les énergies négatives et les blocages d'une personne ou d'un lieu. Il guérit l'Aura, les chakras et les maladies qui proviennent des croyances subconscientes.

Tout comme Hon Sha Ze Sho Nen, ce symbole existe en quelques variantes; certains disent que c'est le même symbole, et d'autres disent que c'est un symbole différent appelé Dumo. J'ai inséré ici une image des deux, pour que vous puissiez comparer, mais je vous recommande de vous en tenir à l'exemple décrit précédemment.

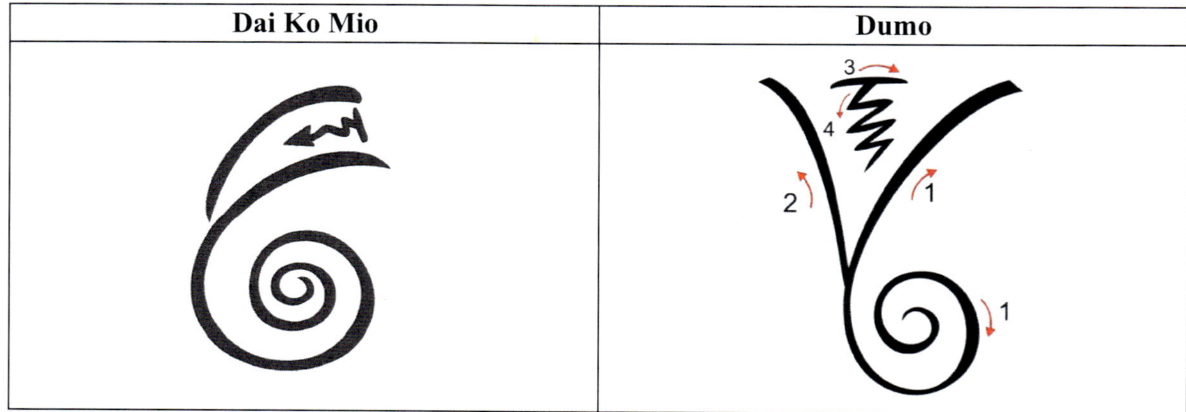

Nous verrons, dans un chapitre ultérieur, comment ce symbole est utilisé dans les harmonisations. Il peut aussi être utilisé pour la guérison : c'est un symbole puissant qui peut être utile, si les symboles Usui n'ont pas pu déloger l'énergie pendant une session. C'est un excellent outil pour nettoyer l'Aura instantanément. Il peut aussi remplacer le balayage des corps à la fin d'une session, dissolvant toute l'énergie qui a été libérée par les corps extérieurs, pendant la session.

Pour mettre en valeur ce symbole, au lieu de simplement le dessiner et de dire trois fois son nom, comme pour tous les autres symboles, nous créons plutôt le symbole avec le souffle violet et l'utilisons pour le transmettre à notre client.
En fin de compte, c'est à vous de décider où et quand utiliser ce symbole, ainsi que les symboles Usui, lors d'une séance de guérison. Vous devez faire confiance à votre intuition et aux informations que vous recevez lors de l'apprentissage de ces symboles. Vous pouvez choisir d'utiliser un symbole sur un organe, sur une seule cellule ou sur un chakra.

Vous pouvez également remplacer l'UDKM par ce symbole, dans la méditation en mouvement Reiki.

La différence dans la procédure est la suivante:

1) Tenez vos mains sur votre chakra du cœur.
2) Créez la boule d'énergie avec la lumière blanche.
3) Contractez et maintenez le point Hui Yin.
4) Créez le DKM tibétain avec du souffle violet.
5) Lorsque le symbole est prêt, soufflez-le dans la bulle d'énergie, entre vos mains.
6) La bulle deviendra de couleur or.
7) Pendant que vous continuez votre mouvement, maintenez le point Hui Yin jusqu'à ce que vous ayez terminé le mouvement (voir p.14, Section 1: étapes 5 à 10).

SERPENT DE FEU

Le Serpent de Feu est principalement utilisé dans les initiations, mais c'est aussi un symbole puissant qui est utilisé pour purifier et pour dynamiser un lieu.

Semblable à Dai Ko Mio, il représente une forme de bol, un réservoir, collectant de l'énergie, qui est ensuite guidée et ancrée dans un endroit spécifique. Il représente la Kundalini, la circulation de la force vitale à l'intérieur du corps. Il ancre l'énergie dans le chakra de la base et l'active pour voyager le long des chakras, à travers le canal Kundalini. Il relie et équilibre tous les chakras, permettant l'équilibre et l'harmonie.

Pour activer ce symbole, dessinez-le simplement et dites trois fois son nom, « Serpent de Feu ».

Pour tracer le Serpent de Feu, dessinez d'abord la partie du calice de gauche à droite, puis tracez la deuxième ligne, descendant avec cinq changements de direction et se finalisant dans une triple spirale. La couleur de la spirale est or ou blanc.

L'élément associé au Serpent de Feu est le Feu. Ce symbole est également connu sous le nom de Mae-Loong ou Dragon de Feu.

Dans la tradition chamanique, le serpent est une créature de mystère; il a accès au subconscient. Cela entraîne une grande transformation de l'état de conscience supérieur et aide à développer la capacité de s'accomplir au-delà de ses limites physiques. Cela signifie la renaissance et la résurrection et ça fait partie de l'initiation. Le serpent représente un processus de guérison, consistant à éliminer la vieille peau et à grandir au-delà de ses limites physiques. C'est aussi une représentation de la sagesse, de la compassion et de la créativité.

Dans la tradition Reiki, le Serpent de Feu ouvre le canal central et réveille le feu de la Kundalini. Lorsque la Kundalini est réveillée, nous prenons conscience de la vérité spirituelle et de la manifestation pour le bien supérieur qui se produit instantanément. Ce symbole nous aide à ancrer notre expérience spirituelle dans la troisième dimension. Il peut être utilisé au début ou à la fin d'une séance de guérison. Nous verrons, dans un chapitre ultérieur, comment ce symbole est utilisé dans les harmonisations.

UNITÉ DE FORMATION CONTINUE

En tant que maître enseignante de Reiki, la principale plainte que j'ai reçue de mes élèves est qu'il est difficile de se souvenir de tout; lorsque j'organise une soirée de pratique de professeurs de Reiki, mes élèves en tirent un grand bénéfice. Je programme mes soirées tous les derniers mercredis du mois et j'offre deux heures de mon temps à mes élèves. La soirée de pratique des professeurs est, bien entendu, réservée aux étudiants de Reiki. Comme son nom l'indique, il s'agit de pratiquer le Reiki et, par conséquent, les personnes qui y participent doivent avoir été harmonisées avant toute pratique. Je trouve que c'est aussi un outil précieux pour permettre aux étudiants de poser leurs questions, afin d'améliorer leur capacité à donner du Reiki et à suivre le protocole.

Souvent, mes étudiants auront commencé leurs études de cas, ce que je les encourage à faire, car la pratique leur donne confiance en leurs capacités et compétences. Qu'ils veuillent adhérer ou non à l'Association canadienne de Reiki, ils doivent compléter leurs études de cas. Pour la plupart d'entre eux, leur estime de soi est grandement amplifiée par les commentaires qu'ils reçoivent après chaque session.

La soirée de pratique des enseignants est une excellente occasion pour eux de partager ce qu'ils ont vécu jusqu'à présent. Après le partage, nous passons à une période de questions. Par conséquent, je ne prépare pas à l'avance le matériel spécifique que je souhaite couvrir. Je laisse aux participants un espace pour qu'ils se sentent entendus et pour répondre à leurs questions.

Pour chaque question, je passe en revue la théorie sous-jacente et je laisse du temps pour la pratique. Je passe généralement en revue le contenu du niveau de Reiki le plus bas, celui de l'élève le moins avancé, dans la salle. Je fais cela parce qu'il est bon pour les étudiants des niveaux supérieurs de revoir le matériel de base. Ils trouvent généralement cela bénéfique. Je n'ai pas encore eu de soirée de pratique de Reiki où je n'ai pas utilisé les deux heures entières. Je trouve surtout qu'après la classe de maîtres de Reiki, les étudiants adorent pratiquer leurs harmonisations pour se familiariser avec la technique. Les étudiants qui assistent à ces soirées reçoivent deux crédits de formation continue, qui peuvent être appliqués à leur adhésion à l'Association canadienne de Reiki.

Ces soirées sont enrichissantes, tant pour l'enseignant que pour les élèves. L'élève se sent soutenu et entendu, et il a plus confiance en ses capacités. Cela l'amène à vouloir passer au niveau suivant. Plusieurs personnes qui s'inscrivent à un cours de Reiki de niveau 3 me disent que cela fait des années qu'elles ont suivi le Reiki des niveaux 1 et 2. Je les encourage généralement à assister à une soirée de pratique des enseignants, afin de revoir les niveaux 1 et 2 et d'être mieux préparées pour le niveau 3. Un enseignant qui soutient l'apprentissage de ses élèves est un enseignant qui verra les élèves revenir. L'organisation de ces soirées, bien qu'elle n'apporte pas de gain financier, est bénéfique à long terme. C'est un excellent moyen d'inscrire des étudiants dans des classes avancées, après qu'ils aient déménagé dans votre région ou perdu leur ancien maître, pour une raison ou pour une autre. Cela leur donne une chance de vous essayer et de voir s'ils veulent passer un week-end avec vous.
L'autre option que vous pouvez offrir à vos élèves est un partage de Reiki. Le partage de Reiki est l'occasion, pour les étudiants, de pratiquer le Reiki entre eux ou d'inviter des amis à recevoir

le Reiki pendant qu'ils pratiquent. En tant qu'hôte, cela vous donne l'opportunité de faire découvrir le Reiki à de nouvelles personnes et de rencontrer des étudiants potentiels. Vous pouvez commencer la soirée par une petite séance d'information sur ce qu'est le Reiki. Ensuite, vous pouvez jumeler vos pratiquants à une personne chacun pour une session de Reiki, qui peut aller de quinze minutes à une heure. Tout dépend du nombre de participants, du nombre de nouveaux arrivants et du nombre de tables de massage disponibles. C'est aussi une excellente occasion de faire une démonstration de groupe d'un Reiki sur une chaise. Votre rôle, en tant qu'enseignant et hôte, est de garder un œil sur les pratiquants, en les guidant doucement tout au long du processus.

Ces soirées donnent également droit à des crédits de formation continue, pour les étudiants qui souhaitent adhérer à l'Association canadienne de Reiki. Même si, à l'époque, l'étudiant n'a pas l'intention de rejoindre l'Association, prenez le temps de compléter le certificat. D'après mon expérience personnelle, après que les étudiants aient terminé plusieurs sessions de Reiki, ils se rendent compte qu'ils sont maintenant intéressés à rejoindre l'Association et ils sont heureux d'avoir les formulaires déjà remplis pour compléter leurs études de cas.

Ces deux exemples sont d'excellents moyens de développer une clientèle. Ce sont des outils de marketing à faible coût, qui peuvent générer beaucoup d'affaires et vous permettre d'infiltrer différents cercles d'influence. La meilleure façon, pour votre entreprise, de se développer est que les gens parlent de vous et de ce que vous faites. Le bouche à oreille et les références sont les meilleurs outils de marketing qui soient. Ainsi, investir du temps pour organiser l'une des deux options précédentes est un excellent moyen de vous assurer un flux régulier de nouveaux clients et étudiants.

VALEUR ET IMPORTANCE DU MAÎTRE ENSEIGNANT

Pour être enseignant, vous devez transmettre plus que de la théorie. Vous communiquez également vos valeurs personnelles, votre éthique, vos convictions; tout cela fait partie de ce que vous donnez, lorsque vous enseignez.
Par conséquent, en ce qui concerne l'éthique, vous devez livrer ce que vous promettez. J'ai des règles d'éthique professionnelle que je dois suivre. Il y a certaines exigences qui doivent être remplies, en ce qui concerne le programme d'études, pour que mes enseignements soient considérés comme complets. En tant qu'enseignante, mon éthique personnelle me guide également. S'habiller professionnellement (c'est-à-dire pas de décolleté, pas de jupe courte ou de short), être propre et bien soignée, préparer tout le matériel et être à l'heure sont des petites choses simples mais importantes pour le bon déroulement de mes cours.

Je garde également le contrôle de la classe à l'heure du diner, en invitant mes élèves à apporter leur diner et à partager leur temps avec moi. Ça me permet d'éloigner de la conversation d'éventuelles croyances et de limiter les potins ou les sujets controversés, afin que les étudiants restent ancrés dans une énergie vibratoire supérieure.

Alors que je rendais visite à mon chiropraticien local, je me suis entretenue avec la réceptionniste, qui m'a reconnue depuis le secondaire. J'étais déconcertée et je n'avais aucune idée de qui elle était. Elle a continué à me dire que j'avais fait une bonne impression sur elle pendant que nous étions à l'école ensemble. Je lui ai dit que je n'avais rien fait de spécial et qu'elle devait me confondre avec quelqu'un d'autre. Elle m'a alors dit que je me démarquais dans tout ce que je faisais et que j'étais toujours gentille. À ce moment-là, j'ai réalisé qu'en travaillant dur pour devenir la meilleure version de moi-même que je pouvais être et en traitant les autres avec gentillesse, j'avais été une inspiration pour cette femme.

En même temps, cela m'a fait réaliser que j'affecte les autres par mes paroles et par mes actions, en tout temps. Je ne peux pas prétendre être quelqu'un dans la classe et être autre par la suite.

Vous devez avoir l'intégrité des actions et des mots. Vous devez être vous-même. L'Association canadienne de Reiki s'attend à ce que vous attendiez six mois, entre le moment où vous terminez ce cours et celui où vous commencez à enseigner. Cependant, je vous recommande de prendre le temps de vous connaître, de guérir vos blessures et de pouvoir être complètement transparent avec vous-même et avec les autres, avant de commencer à enseigner.

Quand les gens viennent à vous en tant qu'enseignant, ils s'attendent à être éduqués et guidés par vous, pas à être conduits dans le champ miné de vos propres valeurs et doutes personnels.

Vous n'avez pas besoin d'être membre de l'Association canadienne de Reiki pour enseigner.

Il est important, en tant qu'enseignant, d'expliquer clairement ce qu'est le Reiki et ce que n'est pas le Reiki. Le Reiki comprend plusieurs domaines de méthodes utilisés pour guérir le corps. Le Reiki est, en soi, une méthode de relaxation. Naturellement, cela va de pair avec le niveau d'apprentissage de votre élève, basé sur les directives d'apprentissage et le code de conduite. Avec le Reiki, le praticien apprend à faire de la méditation, à connaitre les principes du Reiki, qui sont les piliers de la pratique quotidienne, à donner des séances de Reiki, conformément à ce que l'étudiant a appris, et à utiliser les symboles si cela s'applique. Maintenant que vous êtes un maître enseignant, les harmonisations, l'équilibrage des chakras et les résultats finaux de ces techniques aboutissent au nettoyage de l'énergie.

Le client qui vient à vous pour le Reiki peut ne pas savoir à quoi ressemble le Reiki, mais il est en droit de s'attendre à ce que vous offriez une session de Reiki seulement, et non pas un mélange de Reiki et d'autres choses. Il n'est pas rare que les personnes qui pratiquent le Reiki sachent aussi faire de la réflexologie ou du massage, lire le tarot ou pratiquer l'hypnothérapie, mais ces techniques doivent être séparées d'une séance de Reiki. Elles ne peuvent pas être mélangées au Reiki. Vos clients doivent prendre des rendez-vous séparés pour ces différentes choses.

Bien que cela fasse partie du Reiki pour couper des liens ou des cordes psychiques, faire une lecture psychique ne fait pas partie du Reiki. Vous devez expliquer cela clairement à vos élèves, afin qu'ils comprennent que le Reiki est unique; bien qu'ils se complètent bien mutuellement, le Reiki et toutes ces autres techniques ne sont pas censés être mélangés ensemble, au cours d'une session.

Lorsque vous effectuez le Reiki, vous ne pouvez pas donner de conseils, vous ne prononcez aucun diagnostic et ne suggérez aucun traitement médical autre que de peut-être voir un médecin pour un suivi. Ce n'est pas votre travail d'interférer avec les traitements médicaux, et seul un professionnel agréé peut le faire.

La priorité est que le client, l'étudiant et le maître enseignant se concentrent sur la santé et sur le bienêtre de chacun. Vos clients ont droit à la confidentialité. Les lois sont très claires sur la discrimination fondée sur la race, sur le sexe, sur la religion, sur l'orientation sexuelle ou sur les opinions politiques : vous ne pouvez pas refuser un étudiant sur ces critères. Vous avez cependant le droit de refuser toute personne avec qui vous ne vous sentez pas à l'aise. Vous devrez néanmoins être en mesure d'expliquer pourquoi un étudiant est refusé. Vous pourriez, par exemple, refuser un étudiant parce qu'il n'est pas prêt pour le niveau suivant, ou parce que vous sentez que ce que vous proposez n'est pas ce qu'il recherche. Le Reiki n'est pas un remède miracle et vous ne devez pas faire de promesse que vous ne pouvez pas tenir. Une autre raison de refuser un étudiant pourrait être qu'il a assisté à un cours précédent et qu'il avait un comportement perturbateur ou qu'il exprimait une opinion contraire à la philosophie du Reiki.

L'opinion politique n'a pas vraiment sa place dans un cours de Reiki. En tant qu'enseignant, c'est à vous de contrôler le flux de la conversation; ce qui est discuté en classe doit être lié au Reiki. Si l'un de vos élèves à une question spécifique en ce qui concerne ses idées ou ses croyances, invitez-le alors à rester après le cours et à en discuter en privé. J'avais une étudiante dont la famille était catholique romaine et qui remettait en question son parcours Reiki, en ce qui concernait sa foi. Pour l'aider à se soulager de ses préoccupations familiales, j'ai pu la diriger vers un site Web pour pratiquants catholiques de Reiki, qui a été créé par un prêtre et par des religieuses. En tant qu'enseignant, vous devrez développer de telles ressources pour vos élèves qui s'intéressent au Reiki mais qui souhaitent continuer à pratiquer leur foi. En soi, le Reiki n'est pas une religion; il n'est pas lié à un Dieu que nous prions et ne requiert aucune adoration. Il peut être pratiqué au sein de n'importe quelle foi, sans aucun conflit.

Que ce soit en tant que praticien ou en tant qu'enseignant, votre conduite doit être irréprochable. Vous ne devez en aucun cas profiter d'un client ou d'un étudiant, de quelque manière que ce soit, y compris physique, psychologique, financière ou sexuelle. Vous êtes là pour donner du Reiki ou pour enseigner le Reiki; toute autre action serait considérée comme une intrusion dans les affaires personnelles de votre client. Il doit y avoir une distinction entre un client / étudiant et un ami. Certains de vos amis peuvent être des clients ou des étudiants, mais vos étudiants / clients ne seront pour la plupart pas des amis.

Je pense qu'il va sans dire que vous ne devriez en aucun cas pratiquer ou enseigner sous l'influence de l'alcool, de drogues, ou même de médicaments prescrits qui altéreraient votre capacité à vous concentrer ou qui diminueraient vos capacités.

Vous devez être éveillé, conscient et présent à 100% lorsque vous faites ou enseignez le Reiki. La consommation de marijuana est maintenant légale au Canada et ce que vous décidez de faire à votre rythme, dans vos temps libres, est personnel, mais vous avez le devoir professionnel d'être clair d'esprit lorsque vous pratiquez et enseignez le Reiki. Vous êtes votre propre employeur et définissez vos propres règles, mais comme pour beaucoup de professions, vous devez vous abstenir d'utiliser des substances intoxicantes pendant le travail. Pensez-y dans cette perspective: vous ne voudriez pas que votre chirurgien vous opère avec des capacités réduites ou qu'un pompier soit en état d'ébriété lorsqu'il essaie d'éteindre un incendie.

Il est important qu'en tant qu'enseignant, vous expliquiez ces règles de façon simple et que vous les incluiez au fur et à mesure qu'elles entrent dans la pratique de vos élèves. Par exemple, lorsque vous commencez la session sur table, c'est le bon moment pour expliquer que les clients doivent garder leurs vêtements en tout temps.

Bien que pour certaines zones du corps, il conviendrait de toucher légèrement le client, je recommande fortement à mes élèves de toujours laisser un minimum de quelques centimètres entre leurs mains et le corps de leur client, et plus encore pour la gorge, pour le buste et pour la région pubienne. Cela aide généralement à ressentir davantage le mouvement d'énergie des mains vers le corps.

Bien que nous ne soyons pas obligés de démontrer de quelle façon nous maintenons à jour nos connaissances et compétences, un effort doit être fait pour améliorer nos capacités et pour rester à jour, lors d'éventuels changements.

En tant qu'enseignant, vous avez également la responsabilité de vous assurer qu'un élève a suivi toute la classe et qu'il a la capacité d'offrir une session de Reiki, en fonction du niveau pour lequel il a payé, avant de lui décerner un certificat.

Il est important de connaître les lois municipales locales qui affectent votre pratique; il est de votre responsabilité de les respecter.

COMMENT ENSEIGNER

Pour être enseignant, vous devez avoir fait votre propre guérison et être prêt à enseigner avec une approche gentille et aimante. Si vous ne pouvez pas faire preuve de compassion et enseigner autour des limites de vos élèves, vous n'êtes pas prêt à enseigner. Il est important qu'un certain rapport s'établisse entre vous et l'élève.

Une amie m'a raconté son histoire. Elle suivait un cours de métaphysique pour son développement personnel, mais elle souffre d'anxiété de performance. Elle veut toujours plaire mais elle a constamment peur de faire des erreurs. Au lieu de concentrer son temps et son énergie sur les tâches, son anxiété la pousse à se concentrer sur tout ce qui pourrait mal tourner, ce qui la conduit malheureusement à faire des erreurs. Le professeur lui a alors crié après, devant 25 autres personnes. Elle était gênée et il lui a fallu deux heures pour être prête à réessayer. Elle ne pouvait pas prêter attention à quoi que ce soit d'autre et a raté plusieurs choses enseignées. Vous ne devriez pas crier après un élève. Vous ne devez jamais embarrasser une personne ou la faire se sentir mal.

Le Reiki n'est pas quelque chose que les gens connaissent depuis toujours. Les étudiants viennent essayer quelque chose de nouveau et de différent. Pour certains, c'est la première fois qu'ils se lancent dans le travail énergétique et peut-être la première fois qu'ils entendent parler des chakras ou de la guérison par l'énergie. Nous devons être solidaires et patients et les laisser grandir dans leur capacité à ressentir ou à voir l'énergie. Il existe plusieurs façons d'être guidé et de recevoir des messages. Pour chaque personne, c'est différent; avec le temps, chacun développera sa capacité à utiliser plus d'un outil sensoriel. Nous ne devons jamais ridiculiser quelqu'un parce qu'il n'est pas aussi doué que nous, ni avoir des attentes impossibles envers les étudiants qui apprennent. Au fur et à mesure que les élèves évoluent dans leur parcours et dans les différents niveaux de Reiki, s'ils pratiquent régulièrement, ils verront une amélioration et pourront développer la sensibilité de leur main à l'énergie et à leurs dons clairsentients ou clairvoyants.

Notre rôle, en tant qu'enseignant, est de les guider et de les pousser dans la bonne direction, avec la foi que si c'est ce qu'ils sont censés faire, tout arrivera au bon moment, comme c'est toujours le cas avec le Divin. J'emmène souvent des gens du monde entier dans des lieux sacrés pour des cérémonies et pour de la méditation. Lors d'une de mes expéditions, un étudiant, AJ, qui commence tout juste à développer sa confiance en son intuition, m'a rejoint. Quand il a commencé à suivre des cours avec moi, il ne ressentait rien. L'exercice était de se connecter avec la Terre, puis de se connecter à la Dame du Lac, une nymphe, et ce, les yeux ouverts. Méditer avec les yeux ouverts est extrêmement difficile, car nous pouvons facilement être distraits. Cela nécessite une concentration mentale beaucoup plus grande, pour parvenir à l'apaisement et à la clarification de l'esprit. Après un tel exercice, j'invite toujours chacun à partager ses expériences, s'il le souhaite. Tout le monde a pu voir une forme ou une image, à l'exception d'AJ. Il a déclaré: « J'ai tellement essayé de voir, mais je n'ai rien pu obtenir. » Il était important de renforcer AJ dans sa progression et de lui rappeler que c'était nouveau pour lui. Il fut un temps où il ne pouvait percevoir aucune énergie, et maintenant, il le peut. Il est important de reconnaître les progrès de l'élève et de lui rappeler qu'il est dans un état constant d'apprentissage et de croissance. Pour enseigner, vous devez être gentil et empathique.

Je reçois souvent des demandes d'étudiants potentiels; je leur donne autant d'informations que possible, au téléphone, mais je les invite à venir à un partage Reiki pour me rencontrer et pour essayer le Reiki. Je trouve que c'est généralement la façon la plus simple d'intéresser quelqu'un à en savoir plus. Si la personne est ambivalente, je lui parle généralement des différents systèmes de Reiki et je l'encourage à continuer ses recherches jusqu'à ce qu'elle trouve quelqu'un avec qui elle résonne ou par qui elle est attirée. Je prends le temps de lui expliquer le soutien que je lui offre, sans frais supplémentaires, afin qu'elle puisse apprendre, poser des questions et avoir confiance en sa capacité de donner du Reiki, après avoir terminé un cours et acquis de l'expérience dans sa pratique. Les enseignants ne proposent pas tous ce soutien. En fin de compte, cela porte ses fruits, car mon élève reviendra généralement pour terminer tous ses niveaux avec moi, sans aucune pression de ma part. Les élèves reviennent parce qu'ils sont soutenus.

Pratiquer ce qu'ils apprennent est la clé, pour eux, qui leur permet de continuer leur voyage de Reiki. J'entends souvent parler de gens qui ont pris les cours de Reiki niveau 1 ou 2, puis se sont laissé glisser; par la suite, quand ils veulent y revenir, ils ne peuvent pas se souvenir de la base. Ne laissez pas vos élèves glisser, gardez un intérêt envers eux, envoyez-leur un courriel de suivi pour voir s'ils s'entraînent ou s'ils ont des questions.

Quand ma classe a un nombre impair d'élèves, il devient difficile de faire la pratique, qui nécessite un nombre pair. J'envoie souvent un message, sur Facebook ou par courriel, pour contacter mes anciens étudiants qui ont besoin de pratique ou qui essaient de compléter leurs études de cas, en les invitant à me rejoindre pour une partie du cours. Mes élèves sont généralement enthousiastes à l'idée d'assister à la partie de l'après-midi de la classe, pour une révision et pour une pratique avec un nouveau groupe de personnes.

Il est important que vous examiniez le matériel de la classe avant votre cours. L'Histoire, par exemple, peut être délicate, avec les dates et les noms japonais, et vous devez être prêt à répondre aux questions des étudiants.

Un bon moyen pour garder la notion du temps et pour planifier le matériel à couvrir est d'avoir un plan de classe. Ceux qui sont membres de l'Association doivent fournir ce plan pour qu'il soit approuvé. J'ai un plan de cours, et c'est le minimum qu'un enseignant devrait avoir pour s'assurer de ne pas sauter d'information importante et pour garder le fil du temps. C'est le plus grand défi, lorsque vous commencez à enseigner. J'ai donné tellement de cours que je suis devenue une horloge bien réglée, mais je me souviens de mes difficultés et erreurs de débutante.

Chaque niveau a des informations très spécifiques qui doivent être couvertes. Une façon simple de créer votre propre plan de cours est de suivre les directives pédagogiques énoncées dans l'Association canadienne de Reiki. Vous pouvez également facilement corriger le plan de votre classe en le comparant à l'évaluation de la classe. Si vous répondez non à une question, il vous manque quelque chose.

Vous pouvez ajouter une touche personnelle à vos cours. Par exemple, dans mon niveau 1, j'enseigne les 4 accords toltèques de Don Miguel Ruiz, qui ne font pas partie du système Usui Reiki, ainsi que l'utilisation du pendule.

Aux niveaux 2 et 3, je ne peux pas ajouter de matériel supplémentaire, car la journée est déjà pleine. J'accorde néanmoins une grande partie du temps aux étudiants pour pratiquer et pour expérimenter, ce qui permet plus de confort dans l'utilisation des nouvelles techniques.

Quant à ce niveau-ci, j'enseigne durant 16 heures, même si seulement 12 heures sont obligatoires. Je vise d'avoir plus de temps, afin de m'assurer que mes élèves ont de nombreuses occasions de s'exercer, de poser des questions et de repartir confiants.

Horaire niveau 1

9:00 Présentation de chaque participant

9:15 Introduction à ce que l'on apprend aujourd'hui, durant notre cours de sept heures, puis distribution du manuel de qualité professionnelle Reiki niveau 1 pour chaque étudiant.

9:30 Que sont le Reiki, l'énergie du Reiki et les chakras?

10:15 L'histoire du Reiki, termes japonais.

11:00 Les quatre accords Toltèques

11:15 Les cinq principes du Reiki

11:35 Niveau 1 - Harmonisation

12:00 Diner

13:00 Session de Reiki sur soi-même

13:30 Session sur une chaise

14:00 Explication du Reiki sur la table de massage

14:15 Séance de Reiki sur la table de massage

15:30 Séance de Reiki sur la table de massage (changement de partenaire)

16:45 Critères de l'Association canadienne de Reiki

17:00 Certificat du Reiki Niveau 1

Horaire niveau 2

09:00 Introduction de chaque participant.

09:15 Révision de ce que l'on apprend aujourd'hui durant notre cours de 7 heures, puis distribution du manuel de qualité professionnelle Reiki niveau I pour chaque étudiant.

9:30 Les Symboles (Chokurei, Seihiki, Honshazeshonen)

10:30 Reiki Niveau 2 Harmonisation

11:00 Démonstration: Guérison à Longue Distance
Balle de lumière
Avec un substitut
Avec un cristal

12:15 Diner

13:00 Reiki sur les animaux

13:30 Guérison mentale et Émotionnel

14:00 Explication du Reiki sur la table de massage

14:15 Reiki sur la table de massage

15:30 Reiki sur la table de massage (changement de partenaire)

16:30 Période de questions et réponses. Critères de l'Association canadienne de Reiki

17:00 Certificat du Reiki Niveau 2

Horaire niveau 3

09:00	Introduction de chaque participant
09:15	Révision de ce que l'on apprend aujourd'hui durant notre cours de 7 heures, puis distribution du manuel de qualité professionnelle Reiki niveau I pour chaque étudiant.
9:30	Le symbole maître (DAI KO MYO)
9 :45	Niveau 3 Harmonisation
10 :15	Devoir et leçons
10 :30	Révision de l'histoire du Reiki.
11 :00	L'Aura et les liens psychiques
12 :00	Diner
13:00	La grille de cristal avec le Reiki
13 :45	La géométrie sacrée
14:00	Explication du Reiki sur la table de massage et l'intégration du symbole maître
14:15	Reiki sur la table de massage, 1 heure complète
15:30	Reiki sur la table de massage (changement de partenaire)
16:30	Critères de l'Association canadienne de Reiki
17:00	Certificat du Reiki Niveau 3

En tant qu'enseignant, vous devez être un gardien et vous assurer que les normes de qualité sont maintenues, dans l'enseignement du Reiki, mais aussi dans la pratique des sessions de Reiki. Vous êtes maintenant responsable de la formation des professeurs de Reiki, et ce n'est pas une responsabilité que vous devez prendre à la légère. Cela fait partie de notre rôle, en tant qu'enseignants, d'encourager la pratique du Reiki et de soutenir nos élèves pour développer leurs compétences Reiki. N'ayez pas peur d'enseigner le niveau de maître et d'aider vos élèves, ainsi que ceux qui viennent à vous, à réussir et à trouver leur chemin.

C'est notre rôle, de parler du Reiki et de diffuser la valeur qu'il apporte à tous ceux qu'il touche. Plus important encore, nous devons travailler ensemble dans la confiance et dans la paix, afin qu'il y ait de la place pour tout le monde.

Enseigner les symboles

Bien que certains symboles soient identiques, les symboles kanji varient, tout comme l'écriture manuscrite varie d'une personne à l'autre. Je veux que mes élèves comprennent la variation et pourquoi une telle variation existe.

Certains enseignants insistent pour tester leur élève le jour où l'élève a appris les symboles. Je les invite généralement à pratiquer les symboles quotidiennement, à travers leurs devoirs de méditation, puis quand ils reviennent au niveau 3, je leur rappelle de réviser leurs symboles. Pendant la période de révision, je demande à tous de dessiner les symboles et de me dire leurs surnoms, leur couleur, leur utilisation, etc. C'est généralement une grande révélation pour eux. De cette façon, ils s'aperçoivent qu'ils ont besoin de réviser plus souvent, sans pour autant se sentir jugés ou rabaissés.

À ce niveau, réviser les niveaux 1, 2, et 3 peut être quelque peu ennuyeux, alors je crée un quiz, à la place. Je dirige une partie de la révision, puis je demande aux étudiants de partager les informations. Ensemble, ils sont capables de tout reconstituer; de plus c'est interactif, alors les étudiants ne s'endorment pas. Soyez créatif pour encourager la participation et l'implication de vos élèves dans la classe.

La meilleure façon de vous préparer pour votre cours est de vous assurer que vos élèves ont prépayé au moins un acompte pour la moitié du coût de votre cours. Cela vous aidera à couvrir le prix du matériel, des livres et de la location de la salle, si nécessaire.

Lorsque vous commencez, il est préférable de commencer petit, avec deux ou quatre élèves, afin de vous familiariser avec un groupe et de diriger une classe.

Assurez-vous que vous disposez de toutes les fournitures nécessaires. Par exemple, au niveau 3 du Reiki, vous apprendrez à construire une grille. Il est plus constructif, pour les élèves, de s'exercer à en créer une par eux-mêmes, plutôt que de regarder une image dans un livre ou une démonstration devant la classe.

ADMINISTRATION

Si vous voyez des clients réguliers et que vous êtes payé, vous devez savoir maintenant qu'il s'agit d'une entreprise et que vous avez donc droit à des dépenses d'entreprise. Pensez à tout ce que vous utilisez pour votre Reiki. Tout d'abord, vos cours étaient une formation pour travailler et sont donc déductibles de l'impôt sur le revenu. La table de massage, les bougies et le cristal font tous partie des dépenses que vous avez engagées pour faire ce travail et ils sont déductibles d'impôt.

Maintenant que vous planifiez d'enseigner, tous les manuels que vous donnez à vos étudiants deviennent une dépense commerciale, ainsi que les mouchoirs en papier, le papier hygiénique, les tables de massage supplémentaires, les dépliants, la publicité, les sites Web… Il y a des coûts associés à la gestion d'une entreprise, et toutes ces dépenses devraient être déduites de votre revenu, afin que vous payiez moins d'impôt. J'entends souvent des gens dire que c'est une entreprise payée en argent comptant, alors pourquoi déclarer ces revenus? Personnellement, je le fais parce que je donne des reçus à mes étudiants. Je trouve aussi intéressant de voir, en fin d'année, combien j'ai gagné.

J'avais une carrière régulière et je faisais du Reiki le soir et le week-end. J'avais l'impression de mourir un peu, chaque jour, quand j'allais à mon travail de jour; mon point culminant était de rentrer à la maison pour faire du Reiki. À partir du moment où j'ai fait le suivi de mes revenus avec des reçus, j'ai rapidement réalisé combien d'argent je gagnais vraiment. J'ai réalisé que je pourrais facilement doubler mes revenus, si je le faisais à plein temps, et que je n'aurais plus besoin de mon autre travail quotidien. Je pouvais enfin concentrer toute mon énergie sur le Reiki.

Dans certaines régions, comme à Toronto, pour obtenir une licence commerciale et pour opérer une session ou un cours de Reiki, vous devez appartenir à l'Association canadienne de Reiki. Je traite le Reiki avec beaucoup de respect. Une partie de ce respect, pour moi, est d'être honnête dans mon travail et de ne pas cacher le fait que j'ai une entreprise; j'ai une licence commerciale. Je distribue des reçus et déclare tout cela à l'impôt sur le revenu. L'avantage est que je suis la propriétaire légitime d'une entreprise et que cela me qualifie pour des prêts commerciaux. Cela m'a été très utile lorsque j'ai dû renouveler mon prêt hypothécaire. Je pouvais prouver que je gagnais un revenu stable, en tant que travailleuse indépendante, et que je pouvais subvenir à mes besoins et rembourser un prêt.

En tant qu'enseignant, vous devez également tenir un registre de tous les cours que vous avez tenus : où, quand, qui étaient les participants. Tout comme pour les formulaires clients, vous devez conserver une trace de vos étudiants. Cela sert à plusieurs fins, dont l'une est d'inviter vos élèves à assister au cours du niveau suivant, lorsqu'il est proposé. J'ai une liste d'étudiants prêts pour le niveau suivant et je leur envoie un courriel lorsque j'annonce une classe. C'est un outil marketing simple, qui ne coûte que quelques minutes.

Le registre est également utile si un élève perd ou détruit son certificat de classe. Vous pouvez en reproduire un avec la date et le lieu original. Une de mes élèves l'avait perdu lors de son déménagement. Un autre certificat a été détruit lorsque sa maison a été inondée.

Il est important que vous disposiez d'un moyen de retrouver rapidement ces informations.

Il est essentiel que vous expliquiez à vos étudiants qu'ils doivent maintenir les formulaires clients à jour, ainsi que ce qui a été fait pendant la session. Les formulaires de ces clients doivent être conservés dans un endroit sûr; vous devez protéger des regards indiscrets les informations confidentielles. Aucune information ne peut être divulguée sans l'autorisation préalable de votre client.

Vous pouvez créer un formulaire que vous pouvez remettre à vos clients, s'ils ont une assurance complémentaire. En 2021, toutes les compagnies d'assurance ne remboursent pas leurs clients, mais nous vous encourageons quand même à donner des reçus et à demander à vos clients de soumettre les formulaires, afin que nous puissions éventuellement être reconnus. Imaginez combien cela changerait notre façon de voir la session de Reiki, si 60% ou 80% du coût était couvert par les assurances. Les gens reviendraient plus souvent, plus régulièrement, et le bénéfice serait exponentiel.

Pour un formulaire, personnellement, je ne recueille pas d'informations que je n'utiliserai jamais. Je crée mes propres formulaires clients, qui ne recueillent que les informations dont j'ai besoin. Un exemple est disponible dans le livre Reiki de niveau 2. À part leur nom, leur date de naissance et leurs coordonnées, je n'ai pas la conviction d'avoir besoin d'autre chose. Je n'ai pas besoin de savoir qui est leur médecin de famille ou quels médicaments ils prennent, car je ne pourrai rien faire de ces informations particulières. Il m'apparait plus normal de poser des questions sur leur état de santé, sur les traitements qu'ils suivent actuellement et sur la forme de traitement alternatif qu'ils recherchent.

À chaque niveau de cours, vous devrez remettre un certificat à chaque étudiant qui termine le cours. Vous pouvez simplement vous rendre dans un magasin de fournitures pour entreprises, acheter des certificats vierges et ajouter les informations, comme dans les exemples ci-dessous.

DÉVELOPPEMENT des AFFAIRES MARKETING

Vous pouvez donner du Reiki à d'autres personne et être rémunéré, mais je recommande toujours à mes étudiants de faire un minimum de 24 études de cas gratuite avant de commencer à demander des frais pour une session. Vous vous assurerez ainsi de bien maitriser la technique et d'avoir fait face à plusieurs situations différentes, avec des clients différents.

Je vous recommande tout de même de trouver 24 personnes différentes. Pourquoi? Parce qu'après avoir fait quatre sessions gratuites, mes étudiants trouvent difficile de se faire payer pour la cinquième visite. De plus, si vous essayez de vous établir comme professionnel, la promotion de vos services se fait principalement de bouche à oreille. Donc plus il y a de personnes ayant reçu des soins de votre part, plus les résultats vont être efficaces. De plus, travailler sur des gens différents, ayant des problèmes de santé ou des blocages émotionnel/mental différents, est une meilleure tactique pour gagner de l'expérience dans votre pratique.

Même si vous ne pensez pas vous joindre à l'Association, complétez le formulaire après chaque session. Plusieurs de mes étudiants regrettent de ne pas avoir suivi ce conseil et ont dû compléter plus de 24 études de cas pour joindre l'Association à une date ultérieure. On ne sait jamais ce que l'avenir nous réserve; il vaut mieux être prévoyant! De plus, pour le coût modique de 24 photocopies, cela vous donne un point de repère vous permettant d'observer vos progrès, en tant que praticien.

Le tarif, pour un étudiant de niveau 2, pour un soin d'une heure, devrait se situer entre 40$ et 50$, dépendamment de votre expérience et de si le client se déplace ou si vous vous rendez chez lui. Il devrait toujours y avoir un échange, durant vos 24 études de cas. Les gens complètent le formulaire et vous gagnez de l'expérience. Par après, vous pouvez accepter un échange de soins au lieu d'un paiement en argent. Ceci est un point de repère pour commencer à se faire payer.

Votre premier investissement devrait être sur une table à massage. Vous n'avez pas besoin d'acheter une table neuve, car vous pouvez la couvrir avec un drap. Il y a régulièrement des tables à vendre, dans les espaces Facebook, Craig's list ou Kijiji, pour un coût moindre qu'en magasin.

Au début, je travaillais chez les gens, car je n'avais pas d'espace pour une table à massage. Ensuite, j'ai libéré une chambre à coucher pour y donner les soins. Vous pouvez aussi louer une salle dans un bureau offrant des massages ou des soins chiropratiques.

Il est prudent d'avoir une assurance responsabilité, en cas d'accident, que vous pouvez obtenir avec une firme privée.

Au début, publicité de votre pratique va se faire de bouche à oreille. Il est important d'avoir des cartes d'affaires, pour que les gens puissent vous contacter et partager vos informations avec d'autres personne. Vous pouvez acheter des cartes d'affaires et les imprimer vous-même à la maison. Pour ma part, j'ai pu ainsi essayer plusieurs idées ainsi que différentes couleurs et concepts, jusqu'à ce que j'obtienne l'effet désiré lorsque je remets ma carte d'affaires à quelqu'un. J'ai ensuite eu recours à un site professionnel pour commander mes cartes en plus grand nombre.

Il faut être confiant et parler à tous de votre pratique de Reiki. L'annoncer sur les réseaux sociaux et mettre votre diplôme sur Pinterest ou sur Instagram sont des exemples simples d'actions qui envoient un message clair : « Je suis praticien et je suis ouvert au public! »

Récemment, une de mes étudiantes a placé un simple message sur Facebook, offrant des sessions de Reiki pour compléter ses études de cas. Elle a réussi à obtenir plus de 30 réponses. Elle a complété ses 24 études de cas et a ensuite avisé les gens toujours intéressés du coût pour une session. Elle a ainsi réussi à avoir assez de clients qui sont revenus pour générer un salaire régulier.

Une autre étudiante est venue prendre les niveaux 1 et 2 pour donner du Reiki à ses animaux. Après le cours, elle s'est ouverte à l'idée de donner du Reiki à certaines personnes proches. Les commentaires qu'elle a reçus après ces sessions l'on encouragée à compléter ses 24 études de cas.

La pratique est la meilleure façon de réaliser notre potentiel, en tant que praticien.

Au Canada, les normes du champ de pratique sont précises. Donc si vous offrez du Reiki, vous devez tout simplement offrir seulement du Reiki durant votre session. Concentrez-vous sur le Reiki, quand un client désire du Reiki.

Vous pouvez faire des offres promotionnelles, comme par exemple le dixième soin gratuit ou un rabais de 25% si quelqu'un vous réfère un nouveau client. Vous devez considérer le coût du marketing, mais sachez que d'offrir un soin gratuit ou un rabais n'est pas une perte d'argent; c'est plutôt une forme de promotion qui vous amène d'autres clients.

Les salons sont un endroit excellent pour vous faire connaitre dans votre région. C'est aussi un bon moyen pour montrer un exemple de 10-15 minutes d'une session sur chaise. Personnellement, je concentre mon attention sur le fait d'attirer les gens pour leur parler. Je prends le temps d'établir un rapport avec eux et d'expliquer ce qu'est le Reiki. Je mentionne également que tout le monde peut apprendre comment donner une session de Reiki. Donc techniquement, je fais très peu d'argent sur place, mais les gens rentrent en contact avec moi par la suite pour s'inscrire à un cours ou à un soin. Encore là, le marketing est un investissement pour le futur : il ne rapporte pas immédiatement de l'argent, mais il sert à se faire connaitre.

Certains salons sont plus dispendieux que d'autres. La valeur du retour est difficile à voir dans l'immédiat. Mais avec des essais et des erreurs, vous allez trouver ceux qui vous rapportent des étudiants et des clients et vous investirez alors dans ces endroits.

Les écoles font parfois des encans silencieux; vous pouvez y participer avec des certificats-cadeaux, sur lesquels les gens peuvent faire une offre. Vous pouvez aussi y laisser plusieurs cartes, pour que les gens n'ayant pas gagné puissent vous contacter s'ils sont vraiment intéressés. De plus, vous pouvez imprimer un feuillet avec des explications sur le Reiki et sur les bénéfices d'obtenir un soin.

Portez-vous bénévole pour des hôpitaux, offrez des soins à des personnes âgées ou participez à des évènements de charité. Faite-vous connaitre.

Durant tous ces évènements, essayez d'obtenir une liste de contacts (nom, téléphone, email) : des gens intéressés à assister à une soirée porte ouverte ou à une soirée de Reiki gratuit. Un autre outil très utile, pour rester en contact avec les clients potentiels, est de leur laisser savoir quand vous aurez une autre journée porte ouverte ou à quel moment vous allez offrir une classe. Je garde aussi les courriels de mes étudiants et je leurs envoie une invitation dès que je fais l'annonce d'un nouveau cours. C'est un moyen facile de remplir mes classes avec des gens qui m'ont déjà rencontrée et qui ont démontré un certain intérêt pour continuer.

Après toutes mes années à faire la promotion du Reiki, de mes cours et de mon Institut, je constate que les résultats ne sont pas directement proportionnels aux coûts. Si vous pensez que dépenser beaucoup d'argent va vous assurer un succès, eh bien détrompez-vous. Louer un bureau au lieu de pratiquer à la maison n'est peut-être pas la meilleure idée. Offrez plutôt des services de qualité, et les gens vont entendre parler de vous et vous contacter.

Si vous avez suffisamment d'espace dans votre maison pour réserver une pièce aux soins de Reiki, les cristaux et l'aromathérapie sont de beaux compléments au Reiki. Pour les senteurs, certaines personnes sont très particulières et sensibles, alors avant de bruler de la sauge ou de l'encens, demandez à votre client quelles sont ses préférences. Une ou plusieurs bougies et une musique instrumentale douce, pour remplir le silence de la session, sont de mise. Je me sers toujours du même CD, alors je sais en tout temps où je suis rendue dans l'espace-temps de ma session et si je dois ralentir ou aller plus vite.

Une présence sur Internet est très utile. Certains pensent erronément que si vous n'êtes pas sur Internet, vous n'êtes pas vraiment un bon praticien. Beaucoup de gens se réfèrent maintenant aux recherches en ligne pour trouver quelqu'un. Un site Internet peut être très simple et contenir seulement une ou deux pages. Il y a plusieurs options faciles pour créer un site Internet avec des modèles déjà établis. Si votre site est petit, il peut couter environ $50 à $75 par année. Ce coût est déductible d'impôt.

Avoir un site internet vous permet d'être sur le site comme praticien dans votre région et aide aussi à générer une clientèle.

Vous pouvez aussi créer des dépliants et articles promotionnels qui peuvent être très utiles, lors d'un salon, la promotion de vos services et pour vous faire connaitre, ainsi que plusieurs outils, comme un dossier d'information pour pratiquer le Reiki en tant que volontaire, en milieu hospitalier ou dans un milieu de travail.

Une autre façon de se faire connaître est d'écrire dans les journaux locaux de votre région. Les anecdotes et les articles qui décrivent le Reiki, sa provenance et les différentes façons de s'en servir vont aider à vous faire connaitre et à faire parler de vous.

Personnellement, comme je voyage beaucoup, je préfère enregistrer des Podcasts ou produire des vidéos sur mes pages Facebook et You Tube. C'est un autre excellent moyen de se faire connaitre. C'est facile de partager l'information avec tout le monde. Les gens peuvent me voir en action et, pour mes étudiants, c'est une ressource qu'ils utilisent pour se rafraichir la mémoire ou pour participer aux méditations.

Ceci m'amène à discuter des réseaux sociaux. De nos jours, il est indispensable d'avoir une présence sur les réseaux sociaux. Que ce soit Facebook, You Tube, Twitter, Instagram ou autre, cela aide à partager ce que vous faites avec un plus grand public.

Facebook

Je vous conseille de créer une page professionnelle qui se rattache à votre profil. Vous pourrez ainsi garder toutes vos informations personnelles privées et seulement mettre les informations qui ont trait à vos formations, projets et pratiques sur la page. C'est facile de créer votre page et très utile pour cibler votre clientèle dans la région où vous désirer travailler. C'est une façon peut couteuse de faire de petites publicités, lorsque vous voulez faire la promotion de vos services ou de l'un de vos cours.

You Tube

Là aussi, vous devez créer un compte personnel. C'est légèrement plus compliqué, car vous devez créer des vidéos et créer des descriptions. Mais je trouve que c'est une façon extraordinaire de démontrer des exemples de respirations et de méditation en mouvement. C'est d'un grand support pour mes étudiants.

Twitter

Je me sers très peu de Twitter. Je l'utilise surtout pour annoncer mon bulletin de nouvelles et j'ajoute un lien qui amène des clients potentiels à mon site Web.

Instagram

Je trouve qu'Instagram est un peu plus dur à utiliser comme outil promotionnel, car on ne peut y publier que des photos. Mais avec un peu d'imagination et de créativité, il est possible de créer des photos qui informent ou qui amènent les gens à entrer en contact avec vous pour plus d'informations.

Meet Up

J'ai essayé d'utiliser Meet Up, mais la plupart du temps, les gens indiquent qu'ils sont intéressés, mais ils ne se présentent pas. Le coût associé à ce média est très onéreux, si l'on considère le revenu qu'il génère.

Je suis maintenant associée à différent réseaux qui font la promotion de services et qui sont offerts gratuitement. J'annonce mes activités gratuites et, quand les gens se présentent, je leur offre un dépliant qui fait la promotion de mes activités payantes.

Une autre façon simple de développer une clientèle et de se faire connaitre est de développer un prix d'introduction plus bas, qui permet aux gens d'apprendre à connaitre le Reiki. Vous pouvez, par exemple, offrir cinq sessions pour le prix de quatre. Vous pouvez aussi offrir 10% de rabais à la prochaine séance pour une recommandation qui vous amène un client payant. Au départ, vous devez vous faire connaitre, et le marketing est très couteux. Cette méthode vous coute seulement un peu de votre temps et vous permet d'attirer de nouveaux clients ou étudiants.

Si vous connaissez des gens qui ont besoin de ramasser des fonds avec un encan silencieux, offrez-leur une ou deux séances de Reiki gratuit. Assurez-vous de laisser des cartes et des dépliants sur votre entreprise et sur le Reiki. Vous allez donner gratuitement deux séances d'une heure, mais vous allez ainsi vous faire connaitre par les gens de votre région et par ceux qui vous entourent.

En dernier lieu, je me fais souvent demander combien charger pour une session ou pour un cours de Reiki.

Faites une recherche sur des praticiens et enseignants autour de vous. Quel est leur niveau de Reiki? Quels services offrent-ils? Combien de temps dure une session? En général, un praticien de niveau 1 peut demander entre $40 et $50 par session d'une heure de Reiki, suivant son niveau d'expérience. Au niveau 2, on peut passer à un montant de $50 à $60 par session. Au niveau 3, on peut demander de $60 à $75 pour une session et, finalement, un maître enseignant peut demander entre $75 et $90 de l'heure.

Pour ce qui est des cours de Reiki, les coûts doivent être proportionnels à votre expérience, à la qualité du manuel offert ainsi qu'à la durée du cours. Certains maitres enseignent le niveau 1 sur deux jours, alors que d'autres l'offrent sur une seule journée. Il est donc difficile de déterminer un tarif fixe, surtout que ça varie aussi d'une région à l'autre et d'une province à l'autre. Une fois votre recherche faite sur les praticiens et enseignants de votre région, tenez compte de votre expérience et faites une moyenne pour le prix de votre propre cours.

Cours	Base	Maximum
Reiki niveau 1	150.00	300.00
Reiki niveau 2	175.00	350.00
Reiki niveau 3	200.00	400.00
Reiki niveau 4	650.00	800.00

HISTOIRE DÉTAILLÉE

Les harmonisations Usui / tibétaines originales impliquent plusieurs étapes et peuvent être accablantes, pour l'enseignant débutant. Je me souviens, quand je commençais à pratiquer pour mon cours de Reiki, combien il était difficile de mémoriser chaque étape. J'ai alors trouvé rassurant de pouvoir jeter un coup d'œil à ma fiche, afin de m'assurer que je ne confondais pas les étapes et que je faisais une harmonisation appropriée pour mes élèves. Cependant, même si j'ai passé des heures avec mes étudiants sur la pratique, je constatais que leur niveau de confiance dans la reproduction des harmonisations était faible et qu'aucun d'entre eux ne voulait enseigner.

J'ai vu trop de maîtres enseignants avec un grand potentiel ne pas enseigner parce qu'ils étaient intimidés par l'harmonisation; nous devons être capables de surmonter notre peur et de faire taire notre auto-saboteur, en travaillant avec des outils qui nous aident à enseigner et à atteindre l'harmonisation avec plus de confiance. Finalement, j'ai décidé de méditer sur la question.

Au cours de ma méditation matinale, en février 2019, j'ai reçu la visite de Mikao Usui, qui m'a encouragée à écrire ce livre et à promouvoir une forme inclusive de Reiki, celle pratiquée par toutes les tribus chamaniques sur Terre.

Je pratique depuis 1986 un système de guérison énergétique qui est similaire au système d'Usui, à l'exclusion des harmonisations. C'est une méthode qui comprend les couleurs, les sons, les vibrations, les cristaux, les chakras, la méditation, la vision, le yoga, l'aromathérapie et les plantes.

Il existe déjà plusieurs variantes d'harmonisations. Certaines sont basées sur la méthode Usui, d'autres sont basées sur la méthode Usui / Tibétaine. Certaines sont fondées sur l'idée originale selon laquelle Usui avait quatre harmonisations, toutes identiques, pour le niveau 1.

Cependant, l'idée première était qu'une harmonisation étend la capacité de l'individu à recevoir plus de lumière. Plus vous recevez d'harmonisations, plus le canal central est grand. L'harmonisation peut être proposée en option, lors de la soirée de pratique des professeurs. L'harmonisation utilisée dans ce livre répond à toutes les exigences pour qu'une personne obtienne tout ce dont elle a besoin pour utiliser des symboles et être légitimement initiée à la pratique du Reiki.

J'ai choisi de ne décrire qu'une seule méthode, car c'est tout ce dont vous aurez besoin.

Le Reiki a évolué en fonction des différentes lignées; certains symboles sont donc dessinés différemment. Les harmonisations sont variées, différentes. Sous certaines formes, c'est la même harmonisation répétée encore et encore. Sous d'autres formes, elle change à chaque niveau. Certaines lignées incluent l'activation du 3e œil, afin d'améliorer vos capacités psychiques à voir l'énergie, à entendre des messages et à développer votre intuition. Cela faisait partie des harmonisations Usui originales, qui ont été incorporées dans la méthode tibétaine Usui. La page suivante compare les différents systèmes.

Usui/Tibetan Combiné	Système de Reiki USUI	Système de Reiki Tibetan
Reiki Niveau 1		
Dos. Serpent de Feu	*N/A*	*Dos :* Serpent de Feu
Couronne: TDKM, UDKM, SHK et HSZSN	*Couronne:* UDKM, SHK et HSZSN	*Couronne:* TDKM, UDKM, SHK et HSZSN
Mains au-dessus de la tête: CKR	*Mains au-dessus de la tête:* CKR	*Mains au-dessus de la tête:* CKR
3e œil: CKR, SHK, HSZSN	*3e œil:* CKR, SHK, HSZSN	*N\A*
Paumes ouvertes: CKR	*Paumes ouvertes:* CKR	*Paumes ouvertes:* CKR
Dos : RAKU	*N\A*	*N\A*
Reiki l Niveau 2		
Dos : Serpent de Feu	*N/A*	*Dos :* Serpent de Feu
Couronne: TDKM, UDKM	*Couronne:* UDKM	*Couronne:* TDKM, UDKM
Mains au-dessus de la tête: CKR, SHK, HSZSN	*Mains au-dessus de la tête:* CKR, SHK, HSZSN	*Mains au-dessus de la tête:* CKR, SHK, HSZSN
3e œil: CKR, SHK, HSZSN	*3e œil:* CKR, SHK, HSZSN	*N\A*
Mains ouvertes: CKR, SHK, HSZSN	*Mains ouvertes:* CKR, SHK, HSZSN	*Mains ouvertes:* CKR, SHK, HSZSN
Dos : RAKU	*N\A*	*N\A*
Reiki Niveau *3*		
Maître Praticien	*Reiki Maître Enseignant*	*Maître Praticien*
Dos : Serpent de Feu	*N/A*	*Aucune harmonisation*
Couronne: TDKM	*Couronne:* N/A	*N\A*
Mains au-dessus de la tête: UDKM, CKR, SHK, HSZSN	*Mains au-dessus de la tête:* UDKM, CKR, SHK, HSZSN	*N\A*
3e œil: UDKM, CKR, SHK, HSZSN	*3e œil:* UDKM, CKR, SHK, HSZSN	*N\A*
Mains ouvertes: UDKM, CKR, SHK, HSZSN	*Mains ouvertes:* UDKM, CKR, SHK, HSZSN	*N\A*
Dos : RAKU	*N\A*	*N\A*
Reiki Maître enseignant		
Dos : Serpent de Feu	*Aucune harmonisation, car le système a seulement trois niveaux, et non pas quatre.*	*Dos :* Serpent de Feu
Couronne: N\A	*N\A*	*Couronne:* TDKM
Mains au-dessus de la tête: TDKM, Serpent de Feu, UDKM, CKR, SHK, HSZSN	*N\A*	*Mains au-dessus de la tête:* TDKM, Serpent de Feu, UDKM, CKR, SHK, HSZSN
3e œil: TDKM, Serpent de Feu, UDKM, CKR, SHK, HSZSN	*N\A*	*N\A*
Mains ouvertes: TDKM, Serpent de Feu, UDKM, CKR, SHK, HSZSN	*N\A*	*Mains ouvertes:* TDKM, Serpent de Feu, UDKM, CKR, SHK, HSZSN
Dos : RAKU	*N\A*	*N\A*

La méthode du Reiki Usui Spirituel Universel comprend tous les symboles utilisés par le système Usui / Tibétain. Il y a quelques différences; l'une d'entre elles est que les étudiants sont en harmonie avec une méthode de méditation chamanique. De plus, au niveau Master Teacher, l'étudiant reçoit 5 initiations au lieu d'une seule. En réalité, les quatre harmonisations peuvent également être considérées comme une initiation.

Personnellement, j'ai été initiée aux harmonisations par ma grand-mère, qui a ouvert mon troisième œil et m'a appris la guérison énergétique. Elle m'a également fait visiter la grande salle des disques Akashiques et m'a montré comment voyager dans mes vies antérieures. Après des recherches plus poussées, j'ai découvert le symbole du divin dans les images et les statues des temples tibétains, trois flammes distinctes émergeant d'un récipient qui représente le cœur.

J'ai alors commencé à voir le symbole des trois flammes partout où j'allais. Lors d'une visite dans un temple bouddhiste, à Niagara Falls, j'ai pris une photo des statues à l'entrée. Encore une fois, la flamme triple, représentant les trois aspects de la divinité, était représentée.

Ces trois mêmes flammes sont présentes autour du mont Shasta, en Californie. La représentation par Marius Michael-George, (www.mariusfineart.com) montre une flamme jaune, une flamme bleue et une flamme rose.

Elles sont la représentation des trois aspects de la divinité dont la source est composée. L'énergie de la flamme bleue représente l'aspect masculin de la Source, en tant que Volonté Divine, la flamme jaune représente l'aspect féminin de la Source, qui est la Sagesse, et la Flamme rose est la communion des aspects masculin et féminin, ce qui représente l'Amour Universel.

En février 2020, j'ai visité le centre de recherche Edgar Cayce, à Virginia Beach, en Virginie, aux États-Unis. Je faisais des recherches sur les archives Akashiques et j'ai trouvé une autre représentation des trois flammes en jaune, bleu et rose, mais dans une forme qui ressemble à trois portes.

Cette image provient d'une peinture réalisée à partir d'une lecture d'Edgar Cayce.

J'ai confirmé le concept de Source en trois parties fusionnant en une seule, grâce à mes recherches sur plusieurs cultures à travers le monde.

MYTHES DE LA CRÉATION

Dans toutes les cultures du monde, le mythe de la création comporte trois aspects. Dieu, ou Source, est le Créateur et est composé de trois éléments ou composantes. Les noms peuvent varier un peu, mais la définition est toujours la même.

Différentes traditions décrivent le premier élément comme "Une prise de conscience de son propre pouvoir sur l'espace lointain" ou "il était: il n'y avait rien au-delà." L'Évangile de Saint Jean, le plus métaphysique des quatre Évangiles, commence par ces mots: "Au commencement était la Parole, et la Parole était avec Dieu, et la Parole était Dieu." Ces descriptions représentent le Père Divin ou la Volonté Divine.

A partir de cette prise de conscience, le désir d'avoir une forme a créé la deuxième partie de la trinité: l'aspect Dieu Mère, ou Sagesse Divine. C'est l'aspect maternel, ou féminin, du Créateur. Le troisième élément est l'union de la Volonté Divine et de la Sagesse Divine, qui crée la matière et donne naissance à quelque chose en dehors de ces deux premiers éléments : c'est l'Amour Divin.

Le processus est expliqué dans la chanson de création de Rig Veda:

« Les ténèbres étaient des ténèbres 57aches, le Tout était fluide et sans forme. Là, dans le Vide, par le feu de la ferveur, se leva l'Unique. Et dans l'Unique, est né l'amour. »

Ce cadre de création se répète dans de nombreuses cultures différentes à travers le monde. Je vous présente le concept de la trinité, tiré du Mythe de la Création de ces cultures.

SANSKRIT:
Le sanscrit décrit les trois parties de la Source comme suit: Sat, Chit et Ananada

- Le premier aspect de la divinité, Sat, est l'existence vivante et inconnaissable.
- Chit est alerte, consciente et intelligente.
- Ananda est un amour et une félicité inconditionnels qui se répandent à l'infini dans tous les domaines et dimensions.

HINDOUISME:
Le dieu créateur hindou: Brahma, Shiva et Vishnu forment le Trimurti (qui signifie trinité) et sont incarnés dans un seul avatar connu sous le nom de Dattatreya.

- Brahma le Créateur : Brahma est la forme personnifiée d'un principe divin indéfinissable et inconnaissable.
- Shiva le destructeur : il est le Seigneur de l'énergie divine, de la méditation, des arts, du yoga, du temps et des êtres suprêmes qui créent, protègent et transforment l'univers.
- Vishnu : c'est le Dieu conservateur de la protection, de la préservation du bien et de la restauration du karma.

MYTHOLOGIE ÉGYPTIENNE:

Le Livre égyptien des Morts déclare: "Je suis l'Éternel, je suis Ra ... Je suis celui qui a créé le Verbe ... Je suis le Verbe." Ra est le principe de la Volonté Divine. (Amon et Ra ont été fusionnés) La trinité se compose d'Amon, de Mut et de Khonsu.

- Amon, est le dieu qui a pris conscience de son existence.
- Son épouse, Mut, est une déesse mère adorée dans l'ancienne Égypte et qui aurait donné naissance au monde.
- Leur fils, Khonsu, a joué un rôle déterminant dans la création d'une nouvelle vie chez toutes les créatures vivantes.

Ce sont les noms utilisés dans la région de Thèbe; dans d'autres régions, des noms différents étaient utilisés, mais l'idéologie était la même.

SUMÉRIA:

« L'univers a été divisé en trois régions, dont chacune est devenue le domaine d'un dieu. Le rôle d'Anu était le paradis. Le terrain a été donné à Enlil. Ea est devenu le maître des eaux. Ensemble, ils constituaient la triade des grands dieux. »
(The Larousse Encyclopedia of Mythology, 1994, p. 54-55)

- Anu est le Dieu du ciel.
- Enlil, l'ouragan et les doux vents du printemps ont été considérés comme le souffle sortant de sa bouche et, finalement, comme son mot ou son ordre.
- Enki était le fils d'Anu, le produit de l'amour.

BABYLONIE:

« Les anciens Babyloniens reconnaissaient la doctrine d'une trinité, ou trois personnes en un seul dieu - comme le montre un dieu composite à trois têtes dans le cadre de leur mythologie, et l'utilisation du triangle équilatéral, également, comme emblème d'une telle trinité dans l'unité »
(Thomas Dennis Rock, La femme mystique et les villes des nations, 1867, p. 22-23)

- Apsu est le père primordial. Il était l'eau douce. Les mythes ultérieurs disent que les eaux douces et salées se sont réunies avec un troisième élément - peut-être un nuage - et ont créé les premiers dieux.
- Nammu, la déesse mère primordiale, a donné naissance à la Terre et aux cieux.
- Enki, leur fils, est associé à la fertilité sur Terre.

GRECS ET ROMAINS:

- Aether, le père non formé : l'éther est la personnification du "ciel supérieur". Il incarne l'air supérieur pur que les dieux respirent, par opposition à l'air normal.
- Gaïa est la mère ancestrale de toute vie: la déesse primitive de la Terre Mère (Gaea à Rome). Elle a été créée par Aether
- Ouranos est le fils de Gaïa. Elle le conçut seule, mais son père était Aether (Uranus à Rome ou Caelus).

Ici encore, nous avons un être conscient sans forme, créant une femme qui donne naissance à la forme et au concept de fils, mais ils sont tous entrelacés, nés et mariés l'un à l'autre, un concept d'amour.

JUDAÏSME:

Dans un ancien monastère dédié à Sainte Catherine, au pied du mont Sinaï, sont quelques-unes des plus anciennes peintures et textes chrétiens du monde. Ici, une peinture du quatrième siècle montre la rencontre de Moïse avec le buisson ardent, et la figure divine à l'intérieur du buisson est clairement une femme. Cette représentation est alignée sur les premières traditions de l'Ancien Testament, où le Saint-Esprit est montré comme la Sagesse et la Présence Féminine du Divin. Cet esprit est parfois considéré comme synonyme de Sophia, la présence féminine du Créateur, et s'appelle la Shekinah.

- Dieu est la figure paternelle sans forme.
- Sophia est la mère.
- La conscience du Christ est l'amour.

NATIONS ALLEMANDES:

- Wodan ou Odin, le Dieu suprême, était le grand magicien parmi les dieux et était associé aux runes. Il était aussi le dieu des poètes, essentiellement le Mot.
- Fricco ou Frigg était l'épouse « bien-aimée » d'Odin. Elle était la reine des Ases et la déesse du ciel. Elle était également connue comme la déesse de la fertilité, du ménage, de la maternité, de l'amour, du mariage et des arts domestiques.
- Baldr est leur fils. Il est le dieu de la lumière, de la joie, de la pureté et du soleil d'été dans la mythologie nordique.

MYTHOLOGIE CELTIQUE: Les Tuatha Dé Danann.

Une grande partie de la mythologie irlandaise a été enregistrée par des moines chrétiens, qui l'ont modifiée dans une certaine mesure. Ils dépeignaient souvent les Tuath Dé comme des rois, des reines et des héros d'un passé lointain qui avaient des pouvoirs surnaturels. D'autres fois, ils ont été décrits comme des anges déchus, qui n'étaient ni bons ni mauvais. Cependant, certains écrivains médiévaux ont reconnu qu'ils étaient des dieux.
Le Trí Dé Dána ("trois dieux de l'artisanat"):

- Le Dagda, qui semble avoir été un dieu principal; il est dépeint comme une figure paternelle, un roi et un druide.
- La Déesse Dana ou Danu : déesse mère des Tuatha Dé Danann, également associée à la Terre.
- Aengus Óg : le Dieu aimant de l'Irlande ancienne et le fils de Dagda.

En faisant cette recherche, j'ai trouvé un autre auteur qui faisait un lien similaire entre deux cultures expliquant le mythe de la création. Le volume cite ce passage:
« Les anciennes divinités païennes des païens irlandais, Criosan, Biosena et Seeva, ou Sheeva, sont sans aucun doute les Creeshna [Krishna], Veeshnu [Vishnu], [ou tout compris] Brahma et Seeva [Shiva], des hindous »
Citation provenant de la revue critique: ou annales de la littérature, volume 25, p.228.

Même d'un point de vue non religieux, j'ai trouvé des preuves que le mythe de la création est toujours représenté par une triade d'éléments fusionnant pour former une unité entière.

PLATON:

Le Timaeus était généralement considéré comme le point culminant de la réalisation intellectuelle de son auteur, en particulier en ce qui concerne sa représentation de l'univers. C'est aussi le modèle pour la définition des âmes à comprendre et à imiter. Une telle compréhension et émulation restaure ces âmes à leur état d'origine d'excellence, un état qu'elles ont perdu dans leur incarnation d'un corps physique.

Dans Timaeus, Platon présente un compte-rendu élaboré du mythe de la création. Il explique que l'univers est le produit d'une agence rationnelle, intentionnelle et bienfaisante. C'est l'œuvre d'un artisan divin, la Divine Volonté. Pour Platon, cet arrangement est l'intention délibérée de l'intellect qu'il appelle: *nous* (latin).

« Certaines choses le sont toujours, mais ne le deviennent jamais. Si et seulement si une chose est encore, alors elle est saisie par la compréhension, impliquant un récit rationnel. Certaines choses deviennent, sans jamais l'être. Si et seulement si une chose devient, alors elle est saisie par l'opinion, impliquant une perception sensorielle déraisonnable. »

Puis il introduit la Divine Sagesse de la mère quand il explique le passage suivant:
« L'univers est quelque chose qui est devenu. L'univers est visible, tangible et a un corps. Si quelque chose est visible, tangible et a du corps, alors c'est perceptible. Si une chose est

perceptible, c'est qu'elle est devenue. Tout ce qui devient est fait pour devenir par quelque chose. »

Il explique ensuite que l'univers est créé par l'artisan et la sagesse et, qu'ensemble, ils en créent un, conformément à cette sagesse qui est de créer la beauté. Le concept de beauté est identique au concept d'Amour Divin décrit ci-dessus. Cela ressemble également à l'idée de maître artisan des origines celtiques.

« Si l'univers est beau et que l'artisan est bon, alors le modèle de l'univers est quelque chose qui l'est toujours. Si l'univers n'est pas beau ou si l'artisan n'est pas bon, alors le modèle de l'univers est quelque chose qui est devenu. L'univers est suprêmement beau. L'artisan est extrêmement bon. L'univers est un travail artisanal, façonné d'après un modèle éternel de la Beauté. (Le principe de l'amour). »

SPIRITUALITÉ MODERNE:

Kryeon explique que la triade est représentée dans notre corps, car nous sommes faits à l'image du créateur:

- Le cerveau (survie) représente la Volonté Divine.
- La glande pinéale (intuition du créateur) est la Sagesse Divine.
- Le cœur (compassion) est l'Amour Divin.

EN RÉSUMÉ:

Volonté Divine: Cette volonté, qui est parole ou pensée, rend l'univers conscient de son existence. Il veut alors créer et, pour cela, il a besoin d'un complément féminin.

Sagesse Divine: C'est le concept de création, souvent associé à l'énergie féminine ou à la Terre, car elle donne naissance et crée. La création vient de l'union de la Volonté Divine, l'aspect masculin, et de la Sagesse Divine, l'aspect féminin. Cette union est l'énergie de l'amour.

Amour Divin: Il nous unit tous; toutes les créations sont reliées par des liens énergétiques, et ces liens sont influencés par l'énergie qui unit ces trois forces, créant la Source, ou l'Univers, ou Gaïa, ou tout autre nom que vous souhaitez donner à votre puissance supérieure.

Le Reiki, ou Chi, est l'énergie de l'aboutissement des trois composantes du Divin. Il se distingue de toutes les formes descriptives d'une religion ou d'une culture particulière.

Cela signifie que la vérité peut changer de nom, mais que la vérité demeure. La force directrice derrière la création de l'univers est basée sur trois principes : la Volonté Divine, la Sagesse et l'Amour.

Afin d'être équilibrés et alignés avec Dieu, nous devons nous baser sur ces 3 principes. Nous devons accepter qu'il y a une image plus grande que nous-mêmes et travailler sur ce principe pour être des cocréateurs. Au début, nous étions du même avis. Il existe de nombreux mythes ou légendes qui existent dans les cultures du monde entier; celui-ci n'est que le tout premier: la création de l'univers.

Il y a plusieurs exemples, comme l'inondation du monde, les anges et les visiteurs d'un autre monde, qui sont enracinés dans les traditions de nombreuses cultures, avant qu'ils ne soient manipulés ou diminués par les gens au pouvoir. Nous devons rechercher ce qui nous unit pour trouver un terrain d'entente, pour être à nouveau un. Nous sommes tous connectés; il est plus facile de se connecter sur un terrain commun.

Cela aide également à comprendre le concept d'une personnalité imprégnée d'âme par opposition à l'ego. Si vous acceptez le concept simple de la trinité, vous entrez dans une vie guidée par l'âme, vers votre but supérieur, le but ultime de votre incarnation sur Terre. Vous jouez tous un rôle dans un grand plan, un rôle que vous avez accepté pour faire avancer la civilisation humaine vers une existence plus éclairée et plus spirituelle, sous forme humaine, sur Terre.

Dans de nombreuses régions du monde, la plupart des gens reconnaissent qu'il existe une énergie aimante. Elle a de nombreux noms, en fonction de l'origine religieuse ou de la culture. Voir le tableau ci-dessous:

Chrétianisme	La Grâce
Culture Chinoise	Le Chi
Bouddhisme et Shintoïsme	Lumière blanche, pure
Hindouisme	Prana
Culture Améridienne	Orende
Culture Japonaise	Le Ki

L'énergie est abondante, omniprésente et toujours fluide. Vous ne serez jamais en pénurie.

La sagesse antique a reconnu que nous sommes tous unis et que nous pouvons nous réincarner dans plusieurs nations différentes et ne pas nous en tenir uniquement à un seul pays. Le Reiki est universel et n'exclut personne en raison de sa croyance ou de ses origines. Le Reiki peut être enseigné à toutes les cultures et à toutes les religions. La méthode est basée sur ce que Mikao Usui avait développé à travers sa vision et son inspiration.

La nouvelle méthode d'harmonisation reflète la nature universelle de l'expérience de Mikao Usui, à laquelle tout le monde peut s'identifier.

Usui n'a vécu que quelques années, suite à son expérience sur le mont Kurama. D'autres ont alors essayé de continuer son travail et ont transformé et influencé la méthode et les harmonisations Reiki, toujours avec l'intention d'améliorer la transmission du Reiki.

Après son expérience avec le tremblement de Terre et le tsunami de septembre 1923, Mikao Usui a décidé d'inclure les symboles, et ce n'est que beaucoup plus tard que l'harmonisation complexe a vu le jour. Ma grand-mère, qui m'enseignait de l'autre côté du voile, après sa mort, était très claire sur une chose : il faut garder le processus simple. Après tout, nous ne sommes que des conduits d'énergie servant à accomplir la Volonté Divine.

Tout comme nous évoluons physiquement, nous évoluons également émotionnellement et mentalement. Il en est de même pour notre spiritualité. Nous devenons plus flexibles et adaptatifs à mesure que nous comprenons mieux notre environnement et le fonctionnement réel de l'univers. Lee Carroll est un médium, conférencier et auteur américain. Carroll est l'auteur de treize livres sur les canaux d'une entité, qu'il appelle « Kryeon »; il a également co-écrit trois livres sur ce qu'il appelle les enfants indigo, une nouvelle génération d'enfants qui, selon lui, représente une évolution de la conscience humaine.

Kryeon nous dit: "Il n'y a pas besoin de nettoyage, de balayage ou de tout autre rituel, parce que vous êtes la lumière et que votre lumière éclaire et nettoie la pièce; vous illuminez tout et effacez tout.' Il se réfère indirectement à l'énergie Reiki, qui émane de nous si nous sommes des pratiquants ouverts.

La méditation chamanique est déterminée et initiée par quelqu'un qui est responsable de la santé et du bien-être d'une tribu, un rôle joué dans le Reiki par le Maître Enseignant. Il y a des chamans dans toutes les cultures qui sont basées sur la formation d'une communauté tribale. Un praticuant chamanique est une personne utilisant ses mains pour guider l'énergie, afin de la transmettre, pour briser les blocages énergétiques et éliminer l'intrusion spirituelle, pour aider à libérer les pensées négatives, les sentiments, les souvenirs et les associations et pour reprogrammer son point de vue. Un chaman reconnaît un pouvoir plus grand que lui pour guider, aider et atteindre l'équilibre dans les corps énergétiques. En substance, un praticien de Reiki est un praticien chamanique.

Ce thème de guérison énergétiques n'appartient pas seulement au Japon. À travers le monde et l'Histoire, il y a de nombreux exemples qui nous indiquent que la guérison énergétique est universelle. Jésus a guéri de ses mains; il avait été formé par les esséniens et par les groupes gnostiques. Ces derniers sont ceux qui ont enterré les manuscrits de la mer Morte, maintenant publiés sous le nom de la bibliothèque Nag Hammadi.

Chez les Égyptiens, le livre des morts est aussi une leçon sur l'énergie, sur sa manifestation et sur sa libération. Contrairement à ce que beaucoup de gens croient, le livre ne porte pas sur la mort en tant que telle, mais il est lu au mourant pour l'aider à traverser du monde physique au monde énergétique de l'âme. Le Livre des morts des Anciens Égyptiens avait pour véritable titre, à l'époque de l'Égypte antique, « Livre pour l'émergence dans la lumière ».

Il y a aussi le Bardo Thödol, ou Livre des morts tibétain. C'est un texte bouddhiste tibétain décrivant les états de conscience et les perceptions se succédant pendant la période qui s'étend de la mort à la réincarnation. Au Tibet, le KI est ce qui propulse l'intention, grâce à l'utilisation des drapeaux tibétains.

Les membres de la Tribu australienne qui vit dans les territoires encerclant l'Uluru sont très conscients des liens qui unissent l'énergie de la Terre avec ses ressources. Cette énergie doit être préservée, autant pour les humains que pour la faune, et doit être en équilibre pour la survie de tous.

Plusieurs Tribus nord-américaines, dont les Sioux, Apaches, Navajos, Lakotas, Hopis et Cherokees, partagent le mythe de la création. Dans la culture amérindienne, il n'y avait pas de chakra, mais il y avait toujours un concept de corps énergétique, avec des points plus brillants et des veines d'énergie circulant dans tout le corps, comme les méridiens du système d'acupuncture chinois.

En Inde, la tradition ancienne ésotérique tantrique hindoue explique le modèle avec Kundalini, un pouvoir qui monte comme un serpent à travers chaque chakra, jusqu'à ce qu'il atteigne la couronne, où il peut vous unir à votre propre divinité. Le Kundalini est le conduit pour une source d'énergie.

Finalement, dans la tradition celtique, les druides et leurs rituels incluaient non seulement la Terre, mais aussi la Lune et les étoiles, et ils suivaient la nature en l'observant de près. Les druides croyaient à l'équilibre de l'énergie, à l'invisible et au maintien de notre énergie, revigorée à des moments précis de l'année grâce à des rituels impliquant la nature.

Tout cela démontre une croyance universelle en l'énergie, qui provient d'une source pure et qui aide à restaurer l'individu, l'animal ou la nature à un état de perfection ou de santé.

L'énergie d'amour universel, mise au monde par la source, fut éventuellement découverte par plusieurs personnes au Japon, mais principalement par le Dr. Mikao Usui. Le Reiki a été enseigné en dehors de la tribu japonaise et diffusé au monde entier par la pratique de Reiki Ryoho Usui. À l'origine, la pratique du Reiki était plus intuitive; la position fixe des mains n'est venue que plus tard, grâce au successeur de Mikao Usui.

Chaque tribu a adapté ses connaissances et son expérience à son pays et à sa culture, puis a adopté des améliorations, face à la nature changeante qui l'entourait.

Le chaman travaille de concert avec l'individu. Avant de travailler avec une personne et de lui donner du Reiki, le praticien a besoin de sa permission, au préalable. Cela sous-entend également que le client assume la responsabilité de ses actes et qu'il comprend qu'il doit changer ses comportements pour que la guérison ait lieu.

Au cours de l'harmonisation de maître enseignant, vous aurez l'opportunité de transmettre des symboles Reiki aux autres. Par conséquent, vous aurez la capacité d'initier les autres à la guérison énergétique. À l'origine, les chamans emmenaient leur tribu dans un lieu sacré pour se lier à une énergie spécifique sur Terre. Cela a amélioré la capacité des gens à voir au-delà du voile, de sorte qu'ils ont reçu les signes leur prouvant qu'ils étaient prêts à être initiés. Par exemple, pour les tribus Huichol au Mexique, leurs membres voient deux plumes d'aigle dans le feu sacré, lors de leurs pèlerinages au cactus peyotl sacré.

Il serait fastidieux et onéreux, pour celui qui souhaite être à l'écoute du Reiki, de se rendre à Kurama, au Japon. Grâce à l'harmonisation, les maîtres sont comme des portails reliant l'emplacement aux étudiants. Ainsi, au lieu d'une cérémonie d'harmonisation compliquée, nous retournons à l'instrument de Mikao Usui : une méditation.

Un chaman est toujours initié en étant inspiré ou en recevant des symboles et des images. Lorsque USUI était sur la montagne et qu'il a reçu la lumière, il a été initié. Il répondait aux critères d'initiation : il était dans un lieu rendu sacré par sa méditation de 21 jours et par sa proximité avec le sommet de la montagne du site, appelé Osugi Gongen, où se trouve un grand arbre sacré (Kami) supposé être une incarnation du dieu Maoson.

Au cours de mes initiations au Reiki USUI, j'ai été initiée de la même manière que j'initie maintenant mes étudiants.

Au niveau 1 du Reiki, je me suis vue transportée sur le mont Kurama, au Japon.
Au niveau Reiki 2, Mikao Usui m'est apparu et a dessiné, à l'aide de lumière dorée, le symbole de Hon Sha Ze Sho Nen.
Au niveau 3 du Reiki, je me suis connectée avec mon moi supérieur.
Au niveau 4 du Reiki, j'ai ressenti l'activation de ma kundalini et je me suis sentie connectée à la Source.

HARMONISATION

Guidée par Mikao Usui, au cours d'une de mes méditations, j'ai été chargée de revenir à la méditation comme méthode d'harmonisation, une méditation basée sur la tradition chamanique. La méditation est essentielle pour un chaman. Le chemin vers l'illumination va vous changer d'une manière qui profitera à tous les êtres vivants. L'objectif principal d'un chaman est de rétablir l'équilibre entre les énergies positives et négatives. La guérison est l'état d'équilibre et d'harmonie avec notre objectif le plus élevé. Ceci constitue en soi la base des principes du Ryoho Usui Reiki.

J'ai demandé à Mikao Usui ce qu'il voulait que je fasse. Il m'a dit que le Reiki ne devrait pas être limité à certaines religions ni exclure quiconque pour ses croyances. L'utilisation de l'énergie doit être accessible à tous. Mikao USUI voulait que les harmonisations garantissent que chaque symbole était adéquatement activé chez chaque élève.

Mon initiation au Reiki utilise une forme universelle de Source Divine, qui dirige l'énergie vers le cœur de l'individu, où repose son âme, et qui respecte le concept originel de Mikao Usui.

Basée sur les instructions de Mikao USUI et sur la présence constante des trois flammes entrelacées ainsi que sur mon initiation personnelle par ma grand-mère, l'harmonisation du maître enseignant continue au-delà des symboles tibétains. L'étudiant reçoit quatre autres harmonisations qui allument les flammes dans son cœur : la flamme de la Volonté Divine, qui est bleue, la flamme Divine de la Sagesse, qui est jaune, et enfin la flamme Divine de l'Amour Universel, qui est rose.

L'harmonisation en elle-même ouvrira votre canal central et ouvrira davantage votre chakra des mains, améliorant votre capacité à absorber et à donner un volume plus élevé de Reiki. Cela vous permettra alors d'émettre le Reiki, non seulement par vos mains, mais également par votre Aura ou champ aurique.

Toutes les harmonisations sont maintenant effectuées pendant que les membres du groupe méditent ensemble, dans une pièce ou à l'extérieur, comme le faisait Mikao Usui. Le maître enseignant ouvre un portail qui amène le groupe directement à proximité du sommet de la montagne Kurama, sur le site appelé Osugi Gongen, au grand arbre sacré (Kami).

De là, les élèves peuvent choisir de s'asseoir, d'aller dans l'eau ou de se tenir debout. Ils reçoivent l'énergie, les symboles et l'initiation Reiki par la Source.

Le maître enseignant guide les étudiants pour relier leurs énergies à celle de la Terre, puis ouvrir le canal central et laisser l'énergie circuler de haut en bas et de bas en haut, à travers la Kundalini des étudiants, où le symbole du Serpent de Feu est placé.

Ensuite, le maître enseignant se tait et laisse la SOURCE placer les symboles de chaque niveau dans les mains et dans tous les chakras des étudiants.

Le maître enseignant prend le temps de bénir chaque élève et de voir les symboles s'allumer dans leurs paumes, ainsi que dans leur troisième œil.

Après quinze minutes, l'enseignant ramène l'élève au niveau de conscience éveillée et le ramène, à travers le portail, vers le moment présent et le lieu présent.

Le tableau suivant indique quels symboles sont utilisés par l'enseignant à chaque niveau pour harmoniser l'élève, afin qu'il puisse utiliser l'énergie Reiki:

Reiki Niveau 1	Reiki l Niveau 2	*Maître Praticien*	Maitre enseignant
Couronne: Reiki pur	*Couronne:* Reiki pur	*Couronne:* Reiki pur	*Couronne:* Reiki pur
base: Serpent de Feu	*base:* Serpent de Feu	*base:* Serpent de Feu	*base:* Serpent de Feu
Mains: CKR	*Mains:* CKR, SHK, HSZSN	*Mains:* UDKM, CKR, SHK, HSZSN	*Mains:* TDKM, Serpent de Feu, UDKM, CKR, SHK, HSZSN
Tous les chakras: CKR	*Tous les chakras:* CKR, SHK, HSZSN	*Tous les chakras:* UDKM, CKR, SHK, HSZSN	*Tous les chakras:* TDKM, Serpent de Feu, UDKM, CKR, SHK, HSZSN

Les harmonisations sont un rituel d'initiation; chaque harmonisation est différente, car elle donne à l'étudiant la capacité de canaliser différents symboles et énergies, qui diffèrent d'un niveau à l'autre. Cette harmonisation permet un plus grand flux d'énergie à travers le canal central et active l'énergie de la Kundalini pour qu'elle circule et reste en mouvement, afin d'augmenter le flux et d'éviter les blocages. Ces harmonisations ne peuvent être faites qu'en classe et permettent à l'étudiant de pratiquer le Reiki au niveau auquel il a été accordé. C'est aussi une bénédiction, à une époque où le contact physique est compliqué en raison des nouvelles politiques en matière de santé et de bien-être!

Il s'agit d'un processus sacré, et ça doit être mené comme tel, dans le calme et le respect. Seuls ceux qui sont inscrit au cours devraient être présents. Ce processus permet à l'étudiant de devenir un canal pour que l'énergie Reiki circule à travers lui et vers les autres.

En plus de l'harmonisation pour les initiations, un maître peut également utiliser cet outil puissant pour effectuer une guérison ou pour éveiller les sens psychiques d'un étudiant ou d'un client. Ces harmonisations peuvent être faites en dehors de la classe et ne confèrent aucune capacité à donner une harmonisation dans le futur.

Il n'est pas obligatoire, pour un étudiant, de faire une préparation spéciale avant l'harmonisation; cependant, une certaine préparation aidera l'élève à obtenir une connexion plus forte et, peut-être, à recevoir plus de visions et de messages ou à ressentir plus intensément l'énergie pendant l'harmonisation.

Voici ce à quoi vous devez vous attendre des étudiants qui passent le niveau Maître Enseignant : ils devraient vouloir sentir plus, expérimenter davantage et tirer le meilleur parti de leur harmonisation, à ce niveau. La préparation à l'harmonisation vise à débarrasser le corps des stimulants et du chaos énergétique créés par les activités décrites à la page suivante. Sans facteur de stress, le corps sera plus calme et davantage capable de ressentir les changements subtils d'énergie et de niveau vibratoire du corps.

L'harmonisation affectera l'énergie du corps; c'est aussi pourquoi je recommande fortement aux étudiants de suivre leurs protocoles d'auto-guérison, décrits dans la section des devoirs de chaque niveau. Ils visent à atténuer les effets du nettoyage aigu du corps après l'harmonisation. La purification a lieu dans tous les corps: physique, émotionnel, mental et spirituel. Tout comme une session de Reiki nécessite du calme et beaucoup d'eau, il en va de même pour les harmonisations.

Un moyen simple de communiquer la préparation pour le cours consiste à envoyer un courriel confirmant la date, l'heure et le lieu du cours. Il suffit d'ajouter les instructions suivantes:
Préparation à une harmonisation

1. Limitez ou supprimez les protéines animales au cours des trois jours précédents, afin d'effacer les énergies négatives de la nourriture. Le poisson est un bon choix.
2. Si vous avez déjà jeûné et apprécié ce processus, jeûnez au préalable, avec du jus ou de l'eau (un ou deux jours, ou juste quelques heures). Si vous n'êtes pas habitué à cela, essayez simplement de manger sainement.
3. Limitez ou arrêtez toute boisson contenant de la caféine pendant trois jours.
4. Limitez ou cessez l'alcool pendant trois jours.
5. Limitez ou éliminez le sucre ou toute nourriture de type fastfood pendant trois jours.
6. Limitez ou arrêtez le tabagisme pendant trois jours.
7. Limitez les distractions extérieures négatives pendant trois jours : bulletins de nouvelles, films d'horreur, etc.
8. Chaque jour, essayez de passer du temps à apprécier la nature.
9. Commencez le plus tôt possible à méditer quotidiennement, une heure si possible; même une petite séance de cinq à dix minutes serait bénéfique. Si vous n'êtes pas en mesure de méditer, asseyez-vous tranquillement et contemplez. Demandez à être libéré de votre colère, de votre peur, de votre inquiétude et de vos autres sentiments négatifs. Ensuite, passez un peu de temps à réfléchir ou à méditer sur les raisons pour lesquelles vous souhaitez recevoir une initiation au Reiki et sur ce que vous souhaitez en retirer. Par exemple, ça peut être pour augmenter votre capacité psychique, pour être capable de vous guérir et de guérir les autres (mentalement et physiquement), etc.
10. Si vous utilisez d'autres rituels ou méthodes pour stimuler vos pouvoirs psychiques, allez-y et commencez à vous préparer. (Ex : cristaux, bougies…)

Encore une fois, beaucoup de gens ne font rien à l'avance, alors ne vous inquiétez pas, mais une période de réflexion tranquille serait bien. Si vous le pouvez, évitez un week-end de fête avec des excès.

En tant qu'enseignante, il est également de mon devoir de me préparer à vous transmettre les initiations. Par conséquent, je suis les directives énumérées ci-dessus, afin que mon canal central soit le plus clair possible, pour que vous puissiez recevoir la meilleure harmonisation possible.

L'harmonisation réelle du Reiki est une transmission d'énergie de la Source Divine. L'harmonisation aligne l'étudiant avec l'énergie de la force de vie universelle du Reiki, afin qu'il puisse la canaliser et la distribuer. Parce que c'est divin, vous ne pouvez jamais donner trop de Reiki. Vous pouvez donner du Reiki à tout le monde et à tout objet sans causer de tort. Il peut être reçu par les enfants, par les femmes enceintes, par les personnes âgées, par les personnes malades, par les personnes en bonne santé et par les personnes en transition vers l'après-vie.

Avant d'effectuer l'harmonisation en classe

La préparation de la salle ne doit être effectuée qu'une fois par jour; la préparation de la salle peut se faire avant le début du cours. Je trouve cela utile, d'autant plus que je voyage partout dans le monde pour enseigner le Reiki. La salle dans laquelle j'enseigne n'est pas toujours intégrée aux plus grandes énergies. C'est un excellent outil que j'utilise pour mes ateliers.

J'active mon Reiki et déclare clairement que mon intention est de libérer la salle des énergies négatives pour la durée de mon cours, puis je continue avec mon Reiki activé pour le reste de la journée.

Il est important de prendre le temps d'expliquer le processus, afin que vos élèves sachent à quoi s'attendre pendant et après l'harmonisation. C'est une excellente utilisation de votre temps. Vous devriez revoir l'image et les instructions avec les élèves.

Je recommande généralement à mes élèves de fermer les yeux, afin qu'ils puissent recevoir des messages et des images ou des couleurs. Ils sont également libres d'ouvrir les yeux lors de leur initiation personnelle, s'ils le souhaitent.

Pendant l'harmonisation

J'allume une bougie blanche, qui représente la lumière de la Source divine. Lorsque je l'allume, je partage mon intention avec la bougie et ce qu'elle représente. J'allume ensuite une bougie violette ou mauve, qui représente le vortex, qui absorbe et transmute toutes les énergies négatives en énergies positives.

En tant que praticienne chamanique, j'adore l'utilisation du balayage à la sauge dans mes cérémonies de nettoyage. Le balayage avec la sauge est merveilleux, mais il dégage une forte odeur et peut être interdit dans certains espaces publics, car il génère de la fumée. Avant de faire le balayage, assurez-vous que vous le pouvez et que vous ne déclencherez pas un détecteur de fumée. Si vous ne savez pas comment utiliser cette technique, sautez cette étape et utilisez simplement l'énergie Reiki pour vider la pièce, en tant que maître professeur de Reiki.

On peut en dire autant de l'encens : il a une forte odeur et peut être interdit dans certains espaces publics, car il génère de la fumée. Avant d'utiliser de l'encens, assurez-vous que vous le pouvez et que cela ne créera pas plus de problèmes que de solutions. L'encens est utilisé pour remplir l'espace créé par le processus de balayage. Si vous avez ignoré le balayage, vous pouvez également ignorer cette étape. Certains de vos élèves peuvent avoir des allergies ou réagir fortement à la fumée, alors informez-vous avant d'utiliser cette méthode avec de nouvelles personnes.

Une alternative au balayage et à l'encens est la diffusion d'huiles essentielles à travers un diffuseur à base d'eau. L'intention est toujours ce qui compte le plus, les outils sont secondaires.

Ensuite, alignez-vous avec la trinité divine et émettez l'énergie dans la pièce pour la purifier. Tenez-vous au centre de la pièce et laissez l'énergie Reiki rayonner autour de vous et remplir la totalité de la pièce.

Placez les symboles Reiki dans chaque coin de la pièce et répétez le processus sur la zone d'initiation et sur les chaises. Commencez par le Usui, Dai Ko Myo, Cho Ko Rei , Sei Hi Ki et Hon Sha Ze Sho Nen.

J'ai personnellement choisi de donner un cristal de quartz transparent à tous mes élèves, lorsqu'ils prennent le niveau 1 avec moi. La préparation de la salle est le bon moment pour nettoyer les cristaux présents dans la salle et ceux que vous comptez offrir à vos élèves.

L'élève s'assoit sur une chaise, les pieds au sol et les mains en Gassho. Vous faites l'harmonisation debout ou assis sur une chaise. Si vous avez plusieurs étudiants à initier, ils seront tous à l'écoute en même temps.

Une fois que vous avez expliqué l'harmonisation et les attentes et que votre salle a été préalablement préparée, vous pouvez commencer. Demandez à votre élève de s'asseoir sur une chaise et il pourra commencer sa méditation. J'ai généralement une musique très douce en arrière-plan. J'ai aussi mon diffuseur d'huiles essentielles allumé.

Pour le premier niveau de Reiki, je demande aux étudiants de rester calmes et de se détendre. Pour les autres niveaux de Reiki, puisqu'ils connaissent déjà l'énergie, je leur demande simplement d'activer leur Reiki et de permettre à l'énergie de passer à travers eux.

Je commence par guider les étudiants vers un portail qui les transporte sur le mont Kurama, au Japon. La méditation est guidée en fonction du niveau auquel l'étudiant est initié. Ensuite, je laisse quinze minutes à la Source pour qu'elle harmonise l'étudiant avec les symboles prescrits à chaque niveau.

Chaque harmonisation est décrite en détails ci-dessous.

Pour les symboles entrant par la couronne et allant à chaque chakra et pour les symboles allant dans les mains, voyez chaque symbole passer, un à la fois. Le symbole est une image tridimensionnelle complète; utilisez simplement votre intention pour guider les symboles aux bons endroits.

N'oubliez pas de conclure CHAQUE harmonisation par un remerciement à la Source.

Les harmonisations peuvent être données aux enfants ou aux animaux, en particulier les initiations de guérison. Ils profitent à la personne, en permettant à plus d'énergie divine de circuler à travers elle, et n'impliquent aucun risque pour le destinataire.

Les harmonisations peuvent être données aux enfants ou aux animaux. Ils profitent à la personne, en permettant à plus d'énergie divine de circuler à travers elle, et n'impliquent aucun risque pour le destinataire. N'hésitez pas à pratiquer l'harmonisation pendant la soirée de pratique des enseignants; vos élèves seront reconnaissants d'avoir plus d'occasions de pratiquer.

Harmonisation niveau 1 : praticien

La pièce a déjà été nettoyée auparavant. Ceci est l'initiation du niveau 1, qui va mettre le symbole Cho Ku Rei dans les mains des étudiants, et tous les chakras, ainsi que le Serpent de Feu, dans leur chakra de base.

Les étudiants sont assis en position confortable. L'enseignant invite les étudiants à prendre trois grandes respirations.

	L'enseignant guide ensuite les étudiants à passer à travers le portail qu'il a créé pour les transporter au mont Kurama, au Japon. Une fois arrivés, ils montent dix marches. Ils arrivent à un endroit qui leur permet de voir la vallée.
	Le maitre les invite à s'assoir dans un endroit de leur choix et à ressentir les énergies de la Terre. Leur chakra de la couronne s'ouvre et laisse la lumière du Reiki entrer dans leur canal central et descendre le long de leurs jambes, jusqu'à leurs pieds, où des racines s'étendent jusqu'au centre de la Terre.
	La Terre envoie de l'énergie en échange, et les étudiants absorbent cette énergie et reçoivent l'activation du symbole du Serpent de Feu. L'énergie passe alors au travers du Kundalini et se dirige vers le soleil central, Acturius. Le Reiki provient du soleil central et le soleil central retourne l'énergie vers l'étudiant.

L'enseignant visualise le rayon de lumière qui transporte le symbole Cho Ku Rei, qui pénètre la couronne des étudiants pour être ensuite distribué dans tous les chakras, incluant ceux des mains. Cette énergie remplit les étudiants, qui doivent demeurer silencieux. L'enseignant invite les étudiants à se laisser remplir de lumière et à continuer l'échange d'énergie entre le centre de la Terre et le centre de l'Univers.

Cette méditation dure environ quinze minutes. Après quinze minutes, l'enseignant rappelle les étudiants à un niveau de conscience plus éveillée et les invite à ramener leur âme et la nouvelle énergie avec eux, en redescendant les dix marches et en prenant le portail de retour à la salle de classe.

L'enseignant doit ensuite ramener la conscience des étudiants au moment présent, en leur demandant de bouger leurs doigts et leurs orteils, puis d'ouvrir leurs yeux quand ils sont prêts. Cette méditation est très puissante et demande habituellement quelques minutes pour que tout le monde soit pleinement conscient et prêt à continuer.

L'expérience peut être partagée maintenant, ou à l'heure du lunch. Le partage est toujours fait de façon volontaire et on ne peut forcer personne à partager son expérience.

Les expériences diffèrent grandement d'une personne à l'autre. Certains vont seulement voir des couleurs, alors que pour d'autres, l'expérience est plus vive, avec des images très claires. Il est important de rassurer les étudiants en leur disant que chaque expérience est unique et qu'il n'y a pas de mauvaise réponse, mais que leur niveau de préparation va influencer le degré avec lequel ils vont vivre l'expérience.

Harmonisation 2 : praticien

La pièce a déjà été nettoyée auparavant. Ceci est l'initiation du niveau 2, qui va mettre les symboles Cho Ku Rei, Sei Hi Ki et Hon Sha Ze Sho Nen dans les mains des étudiants, et tous les chakras, ainsi que le Serpent de Feu, dans leur chakra de base.

Les étudiants sont assis en position confortable et ils ont activé leur Reiki. L'enseignant invite les étudiants à prendre trois grandes respirations.

	L'enseignant invite ensuite les étudiants à passer à travers le portail qu'il a créé pour les transporter au mont Kurama, au Japon. Une fois arrivés, ils montent dix marches. Ils arrivent à un endroit qui leur permet de voir la falaise avec une chute d'eau, avec vue sur la vallée.
	Le maitre les invite à s'assoir dans un endroit de leur choix et à ressentir les énergies de la Terre. Leur chakra de la couronne s'ouvre et laisse la lumière du Reiki entrer dans leur canal central et descendre le long de leurs jambes, jusqu'à leurs pieds, où des racines s'étendent jusqu'au centre de la Terre.
	La Terre envoie de l'énergie en échange, et les étudiants absorbent cette énergie et reçoivent l'activation du symbole du Serpent de Feu. L'énergie passe alors au travers du Kundalini et se dirige vers le soleil central, Acturius. Le Reiki provient du soleil central et le soleil central retourne l'énergie vers l'étudiant. L'enseignant visualise le rayon de lumière qui amène le symbole Cho Ku Rei, qui pénètre la couronne des étudiants pour être ensuite distribué dans tous les chakras, incluant ceux des mains. L'enseignant prend une courte pause.

	Cette fois-ci, l'enseignant continue de guider les étudiants. Les étudiants étendent leur énergie jusqu'à l'eau. S'ils le désirent, ils peuvent nager, ou simplement toucher l'eau tout en continuant de recevoir la lumière du soleil central. L'enseignant visualise le rayon de lumière émanant du symbole Sei Hi Ki, qui pénètre la couronne des étudiants pour être ensuite distribuée dans tous les chakras, incluant ceux des mains. L'enseignant prend une courte pause.
	L'enseignant continue de guider les étudiants. Les étudiants étendent leur énergie jusqu'à la falaise; ils sentent la brise sur tout leur corps et peuvent choisir de prendre leur envol ou de rester assis sur la falaise et continuer d'être remplis de la lumière du soleil central. L'enseignant visualise le rayon de lumière émanant du symbole Hon Sha Ze Sho Nen, qui pénètre la couronne des étudiants pour être ensuite distribuée dans tous les chakras, incluant ceux des mains. L'enseignant prend une courte pause.

L'enseignant laisse ensuite les étudiants méditer. Cette énergie du soleil central remplit l'étudiant de lumière et continue l'échange d'énergie entre le centre de la Terre et le centre de l'Univers.

Cette méditation dure environ quinze minutes. Après quinze minutes, l'enseignant rappelle les étudiants à un niveau de conscience plus éveillée et les invite à ramener leur âme et la nouvelle énergie avec eux, en redescendant les dix marches et en prenant le portail de retour à la salle de classe.

L'enseignant doit ensuite ramener la conscience des étudiants au moment présent, en leur demandant de bouger leurs doigts et leurs orteils, puis d'ouvrir leurs yeux quand ils sont prêts. Cette méditation est très puissante et demande habituellement quelques minutes pour que tout le monde soit pleinement conscient et prêt à continuer.

L'expérience peut être partagée maintenant, ou à l'heure du lunch.

Les expériences diffèrent grandement d'une personne à l'autre. Certains vont seulement voir des couleurs, alors que pour d'autres, l'expérience est plus vive, avec des images très claires. Il est important de rassurer les étudiants en leur disant que chaque expérience est unique et qu'il n'y a pas de mauvaise réponse, mais que leur niveau de préparation va influencer le degré avec lequel ils vont vivre l'expérience.

Harmonisation 3 : Maitre praticien

La pièce a déjà été nettoyée auparavant. Ceci est l'initiation du niveau 2, qui va mettre les symboles Dai ko Myo, Cho Ku Rei, Sei Hi Ki et Hon Sha Ze Sho Nen dans les mains des étudiants, et tous les chakras, ainsi que le Serpent de Feu, dans leur chakra de base.

Les étudiants sont assis en position confortable et ils ont activé leur Reiki. L'enseignant invite les étudiants à prendre trois grandes respirations.

	L'enseignant invite ensuite les étudiants à passer à travers le portail qu'il a créé pour les transporter au mont Kurama, au Japon. Une fois arrivés, ils montent dix marches.
	Ils arrivent à un endroit à proximité du sommet de la montagne Kurama, à côté du site appelé Osugi Gongen, à l'emplacement d'un grand arbre sacré (Kami). Les étudiants s'assoient près de l'arbre.

L'enseignant invite les étudiants à ressentir les énergies de la Terre ainsi que les racines de l'arbre, qui s'étendent autour d'eux et qui connectent avec toutes la végétation qui les entoure. Les étudiants visualisent l'énergie autour d'eux, l'énergie qui circule à travers Kami, l'énergie qui est distribuée à travers les racines.

Les étudiants visualisent ensuite leur propre énergie, qui circule de leur chakra de la couronne jusqu'à leurs propres racines. Ils laissent entrer la lumière du Reiki dans leur canal central et le long de leurs jambes, jusqu'à leurs pieds, où des racines s'étendent jusqu'au centre de la Terre.

	La Terre envoie de l'énergie en échange, et les étudiants absorbent cette énergie et reçoivent l'activation du symbole du Serpent de Feu. L'énergie passe alors au travers du Kundalini et se dirige vers le soleil central, Acturius. Le Reiki provient du soleil central et le soleil central retourne l'énergie vers l'étudiant. L'enseignant visualise le rayon de lumière qui amène le symbole Cho Ku Rei, qui pénètre la couronne des étudiants pour être ensuite distribué dans tous les chakras, incluant ceux des mains. L'enseignant prend une courte pause.
	L'enseignant continue de guider les étudiants. Les étudiants étendent leur énergie jusqu'à l'eau. S'ils le désirent, ils peuvent nager, ou simplement toucher l'eau tout en continuant de recevoir la lumière du soleil central. L'enseignant visualise le rayon de lumière émanant du symbole Sei Hi Ki, qui pénètre la couronne des étudiants pour être ensuite distribuée dans tous les chakras, incluant ceux des mains. L'enseignant prend une courte pause.
	L'enseignant continue de guider les étudiants. Les étudiants étendent leur énergie jusqu'à la falaise; ils sentent la brise sur tout leur corps et peuvent choisir de prendre leur envol ou de rester assis sur la falaise et continuer d'être remplis de la lumière du soleil central. L'enseignant visualise le rayon de lumière émanant du symbole Hon Sha Ze Sho Nen, qui pénètre la couronne des étudiants pour être ensuite distribuée dans tous les chakras, incluant ceux des mains. L'enseignant prend une courte pause.

	L'enseignant continue de guider les étudiants. Les étudiants étendent leur énergie au-dessus de leur tête et se connectent avec leur Moi Supérieur; ils sentent la connexion avec tout leur corps et continuent d'être inondés de la lumière du soleil central. L'enseignant visualise le rayon de lumière émanant du symbole Dai Ko Myo, qui pénètre le Moi Supérieur des étudiants et qui descend dans leur couronne, pour être ensuite distribuée dans tous les chakras, incluant ceux des mains. L'enseignant prend une courte pause.

L'enseignant laisse ensuite les étudiants méditer. Cette énergie du soleil central remplit l'étudiant de lumière et continue l'échange d'énergie entre le centre de la Terre et le centre de l'Univers.

Cette méditation dure environ quinze minutes. Après quinze minutes, l'enseignant rappelle les étudiants à un niveau de conscience plus éveillée et les invite à ramener leur âme et la nouvelle énergie avec eux, en redescendant les dix marches et en prenant le portail de retour à la salle de classe.

L'enseignant doit ensuite ramener la conscience des étudiants au moment présent, en leur demandant de bouger leurs doigts et leurs orteils, puis d'ouvrir leurs yeux quand ils sont prêts. Cette méditation est très puissante et demande habituellement quelques minutes pour que tout le monde soit pleinement conscient et prêt à continuer.

L'expérience peut être partagée maintenant, ou à l'heure du lunch.

Les expériences diffèrent grandement d'une personne à l'autre. Certains vont seulement voir des couleurs, alors que pour d'autres, l'expérience est plus vive, avec des images très claires. Il est important de rassurer les étudiants en leur disant que chaque expérience est unique et qu'il n'y a pas de mauvaise réponse, mais que leur niveau de préparation va influencer le degré avec lequel ils vont vivre l'expérience.

Il est possible que les étudiants sombrent dans une méditation profonde et n'entendent plus vos directives. Ayez confiance : la Source fait l'harmonisation, même si les étudiants ne suivent pas les directives. La méditation profonde est un signe de concentration et de foi envers le processus. Les résultats seront les mêmes. Les étudiants sont maintenant harmonisés aux nouveaux symboles et peuvent les utiliser lors de sessions de Reiki.

Harmonisation 4A Maitre Enseignant

La pièce a déjà été nettoyée auparavant. Ceci est l'initiation du niveau 4, qui va mettre les symboles Serpent de Feu, Dai Ko Moi Tibétain, Usui Dai ko Myo, Cho Ku Rei, Sei Hi Ki et Hon Sha Ze Sho Nen dans les mains des étudiants, et tous les chakras, ainsi que le Serpent de Feu, dans leur chakra de base.

Les étudiants sont assis en position confortable et ils ont activé leur Reiki. L'enseignant invite les étudiants à prendre trois grandes respirations.

	L'enseignant invite ensuite les étudiants à passer à travers le portail qu'il a créé pour les transporter au mont Kurama, au Japon. Une fois arrivés, ils montent dix marches.
	Ils arrivent à un endroit à proximité du sommet de la montagne Kurama, à côté du site appelé Osugi Gongen, à l'emplacement d'un grand arbre sacré (Kami). Les étudiants s'assoient près de l'arbre.

L'enseignant invite les étudiants à ressentir les énergies de la Terre ainsi que les racines de l'arbre, qui s'étendent autour d'eux et qui connectent avec toutes la végétation qui les entoure. Les étudiants visualisent l'énergie autour d'eux, l'énergie qui circule à travers Kami, l'énergie qui est distribuée à travers les racines.

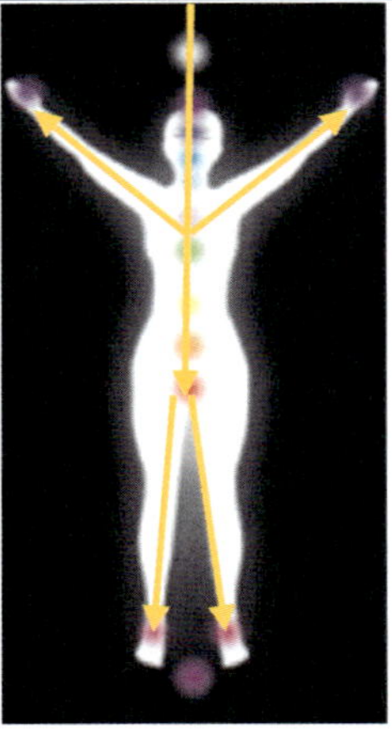 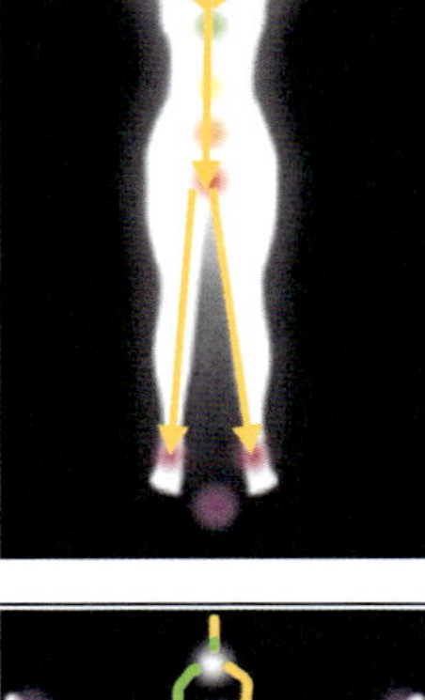	Les étudiants visualisent ensuite leur propre énergie, qui circule de leur chakra de la couronne jusqu'à leurs propres racines. Ils laissent entrer la lumière du Reiki dans leur canal central et le long de leurs jambes, jusqu'à leurs pieds, où des racines s'étendent jusqu'au centre de la Terre. Le Reiki provient du soleil central. L'enseignant visualise le rayon de lumière émanant du symbole du Serpent de Feu, qui pénètre la couronne des étudiants pour être ensuite distribuée dans tous les chakras, incluant ceux des mains. L'énergie continue de circuler jusqu'au chakra de la Terre.
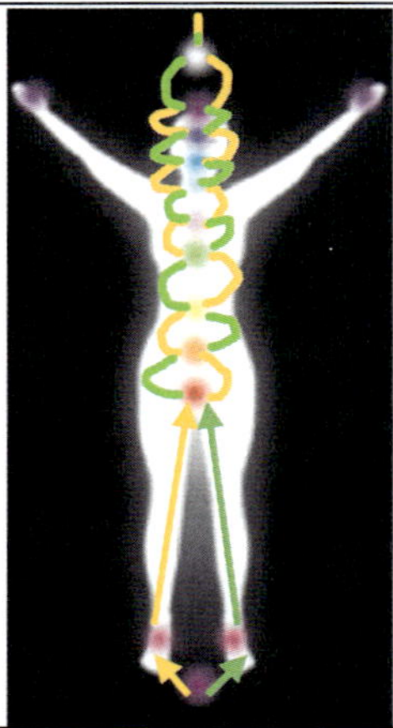	La Terre envoie de l'énergie en échange, et les étudiants absorbent cette énergie et reçoivent l'activation du symbole du Serpent de Feu. L'énergie passe alors au travers du Kundalini et se dirige vers le soleil central, Acturius.
	L'enseignant continue de guider les étudiants. Les étudiants concentrent leur énergie au-dessus de leur tête et se connectent avec leur Moi Supérieur; ils sentent la connexion avec tout leur corps et ils se lient avec le soleil central. Le soleil central retourne la lumière avec le symbole Dai Ko Mio Tibétain. L'enseignant visualise le rayon de lumière émanant du symbole tibétain Dai Ko Mio, qui pénètre le Moi Supérieur des étudiants et qui descend dans leur couronne, pour être ensuite distribuée dans tous les chakras, incluant ceux des mains. L'enseignant prend une courte pause.

	Le Reiki provient du soleil central et le soleil central retourne l'énergie vers l'étudiant. L'enseignant visualise le rayon de lumière qui amène le symbole Cho Ku Rei, qui pénètre la couronne des étudiants pour être ensuite distribué dans tous les chakras, incluant ceux des mains. L'enseignant prend une courte pause.
	Cette fois-ci, l'enseignant continue de guider les étudiants. Les étudiants étendent leur énergie jusqu'à l'eau. S'ils le désirent, ils peuvent nager, ou simplement toucher l'eau tout en continuant de recevoir la lumière du soleil central. L'enseignant visualise le rayon de lumière émanant du symbole Sei Hi Ki, qui pénètre la couronne des étudiants pour être ensuite distribuée dans tous les chakras, incluant ceux des mains. L'enseignant prend une courte pause.
	L'enseignant continue de guider les étudiants. Les étudiants étendent leur énergie jusqu'à la falaise; ils sentent la brise sur tout leur corps et peuvent choisir de prendre leur envol ou de rester assis sur la falaise et continuer d'être remplis de la lumière du soleil central. L'enseignant visualise le rayon de lumière émanant du symbole Hon Sha Ze Sho Nen, qui pénètre la couronne des étudiants pour être ensuite distribuée dans tous les chakras, incluant ceux des mains. L'enseignant prend une courte pause.

	L'enseignant continue de guider les étudiants. Les étudiants étendent leur énergie au-dessus de leur tête et se connectent avec leur Moi Supérieur; ils sentent la connexion avec tout leur corps et continuent d'être inondés de la lumière du soleil central. L'enseignant visualise le rayon de lumière émanant du symbole Dai Ko Myo, qui pénètre le Moi Supérieur des étudiants et qui descend dans leur couronne, pour être ensuite distribuée dans tous les chakras, incluant ceux des mains. L'enseignant prend une courte pause.

L'enseignant laisse ensuite les étudiants méditer. Cette énergie du soleil central remplit l'étudiant de lumière et continue l'échange d'énergie entre le centre de la Terre et le centre de l'Univers.

Cette méditation dure environ quinze minutes. Après quinze minutes, l'enseignant rappelle les étudiants à un niveau de conscience plus éveillée et les invite à ramener leur âme et la nouvelle énergie avec eux, en redescendant les dix marches et en prenant le portail de retour à la salle de classe.

L'enseignant doit ensuite ramener la conscience des étudiants au moment présent, en leur demandant de bouger leurs doigts et leurs orteils, puis d'ouvrir leurs yeux quand ils sont prêts. Cette méditation est très puissante et demande habituellement quelques minutes pour que tout le monde soit pleinement conscient et prêt à continuer.

L'expérience peut être partagée maintenant, ou à l'heure du lunch.

Les expériences diffèrent grandement d'une personne à l'autre. Certains vont seulement voir des couleurs, alors que pour d'autres, l'expérience est plus vive, avec des images très claires. Il est important de rassurer les étudiants en leur disant que chaque expérience est unique et qu'il n'y a pas de mauvaise réponse, mais que leur niveau de préparation va influencer le degré avec lequel ils vont vivre l'expérience.

Il est possible que les étudiants sombrent dans une méditation profonde et n'entendent plus vos directives. Ayez confiance : la Source fait l'harmonisation, même si les étudiants ne suivent pas les directives. La méditation profonde est un signe de concentration et de foi envers le processus. Les résultats seront les mêmes. Les étudiants sont maintenant harmonisés aux nouveaux symboles et peuvent les utiliser lors de sessions de Reiki.

Harmonisation à la Volonté Divine Maitre Enseignant

<table>
<tr><td colspan="2">La pièce a déjà été nettoyée auparavant. Ceci est l'initiation à la Volonté Divine, qui va allumer et activer la flamme de la Volonté Divine dans le cœur des étudiants.

Ceux-ci sont assis en position confortable et ils ont activé leur Reiki. L'enseignant les invite à prendre trois grandes respirations.</td></tr>
<tr><td></td><td>L'enseignant invite ensuite les étudiants à passer à travers le portail qu'il a créé pour les transporter à l'oasis d'initiation.</td></tr>
<tr><td></td><td>Une fois la porte passée, ils montent dix marches.</td></tr>
<tr><td></td><td>Ils arrivent à un endroit qui leur permet de voir l'oasis. Il y a un passage à gauche, le long de la falaise qui les mène à l'oasis. L'enseignant invite les étudiants à trouver un endroit où s'assoir et à ressentir les énergies de la Terre et des racines des arbres qui s'étendent autour d'eux et qui connectent avec toute la végétation qui les entoure. Les étudiants visualisent l'énergie autour d'eux ainsi que l'énergie qui circule à travers leur corps et qui est distribuée à travers les racines.
Les étudiants visualisent ensuite leur propre énergie, qui circule de leur chakra de la couronne jusqu'à leurs propres racines. Ils laissent entrer la lumière du Reiki dans leur canal central et se loger dans le chakra du cœur de l'Amour Universel.</td></tr>
</table>

	Les étudiants visualisent l'étincelle de couleur bleue qui s'illumine et grandit. La flamme scintille et s'épanouit comme une fleur.
	La fleur a de multiples pétales et elle illumine le cœur.
	La lumière s'élargit et remplit tout le corps des étudiants. L'enseignant explique que la Volonté Divine est parfaite et ne fait pas d'erreur. L'égo de l'humain nait de ses peurs et de ses insécurités; il cause l'avarice, la violence et les erreurs de jugement. Si les étudiants choisissent librement la voie de la Volonté Divine, ils le font dans la foi et leur chemin se libère des embuches, des problèmes et des difficultés. Ils avancent en toute confiance, sachant qu'ils sont supportés et qu'ils ne sont jamais seuls. Les étudiants méditent pendant quinze minutes.

Cette énergie du soleil central remplit les étudiants de lumière et continue l'échange d'énergie entre le centre de la Terre et le centre de l'Univers. Après quinze minutes, l'enseignant rappelle les étudiants à un niveau de conscience plus éveillée et les invite à ramener leur âme et la nouvelle énergie avec eux vers l'entrée de l'oasis, en redescendant les dix marches et en prenant le portail de retour à la salle de classe.

L'enseignant doit ensuite ramener la conscience des étudiants au moment présent, en leur demandant de bouger leurs doigts et leurs orteils, puis d'ouvrir leurs yeux quand ils sont prêts. Cette méditation est très puissante et demande habituellement quelques minutes pour que tout le monde soit pleinement conscient et prêt à continuer. L'expérience peut être partagée maintenant, ou à l'heure du lunch.

Il est possible que les étudiants sombrent dans une méditation profonde et n'entendent plus vos directives. Ayez confiance : la Source fait l'harmonisation, même si les étudiants ne suivent pas les directives. La méditation profonde est un signe de concentration et de foi envers le processus. Les résultats seront les mêmes. Les étudiants sont maintenant harmonisés aux nouveaux symboles et peuvent les utiliser lors de sessions de Reiki.

Harmonisation de la Sagesse Divine Maitre Enseignant

<table>
<tr><td colspan="2">La pièce a déjà été nettoyée auparavant. Ceci est l'initiation à la Sagesse Divine, qui va allumer et activer la flamme de la Sagesse Divine dans le cœur des étudiants.

Ceux-ci sont assis en position confortable et ils ont activé leur Reiki. L'enseignant les invite à prendre trois grandes respirations.</td></tr>
<tr><td></td><td>L'enseignant invite ensuite les étudiants à passer à travers le portail qu'il a créé pour les transporter à l'oasis d'initiation.</td></tr>
<tr><td></td><td>Une fois la porte passée, ils montent dix marches.</td></tr>
<tr><td></td><td>Ils arrivent à un endroit qui leur permet de voir l'oasis. Il y a un passage à gauche, le long de la falaise qui les mène à l'oasis. L'enseignant invite les étudiants à trouver un endroit où s'assoir et à ressentir les énergies de la Terre et des racines des arbres qui s'étendent autour d'eux et qui connectent avec toute la végétation qui les entoure. Les étudiants visualisent l'énergie autour d'eux ainsi que l'énergie qui circule à travers leur corps et qui est distribuée à travers les racines.
Les étudiants visualisent ensuite leur propre énergie, qui circule de leur chakra de la couronne jusqu'à leurs propres racines. Ils laissent entrer la lumière du Reiki dans leur canal central et se loger dans le chakra du cœur de l'Amour Universel.</td></tr>
</table>

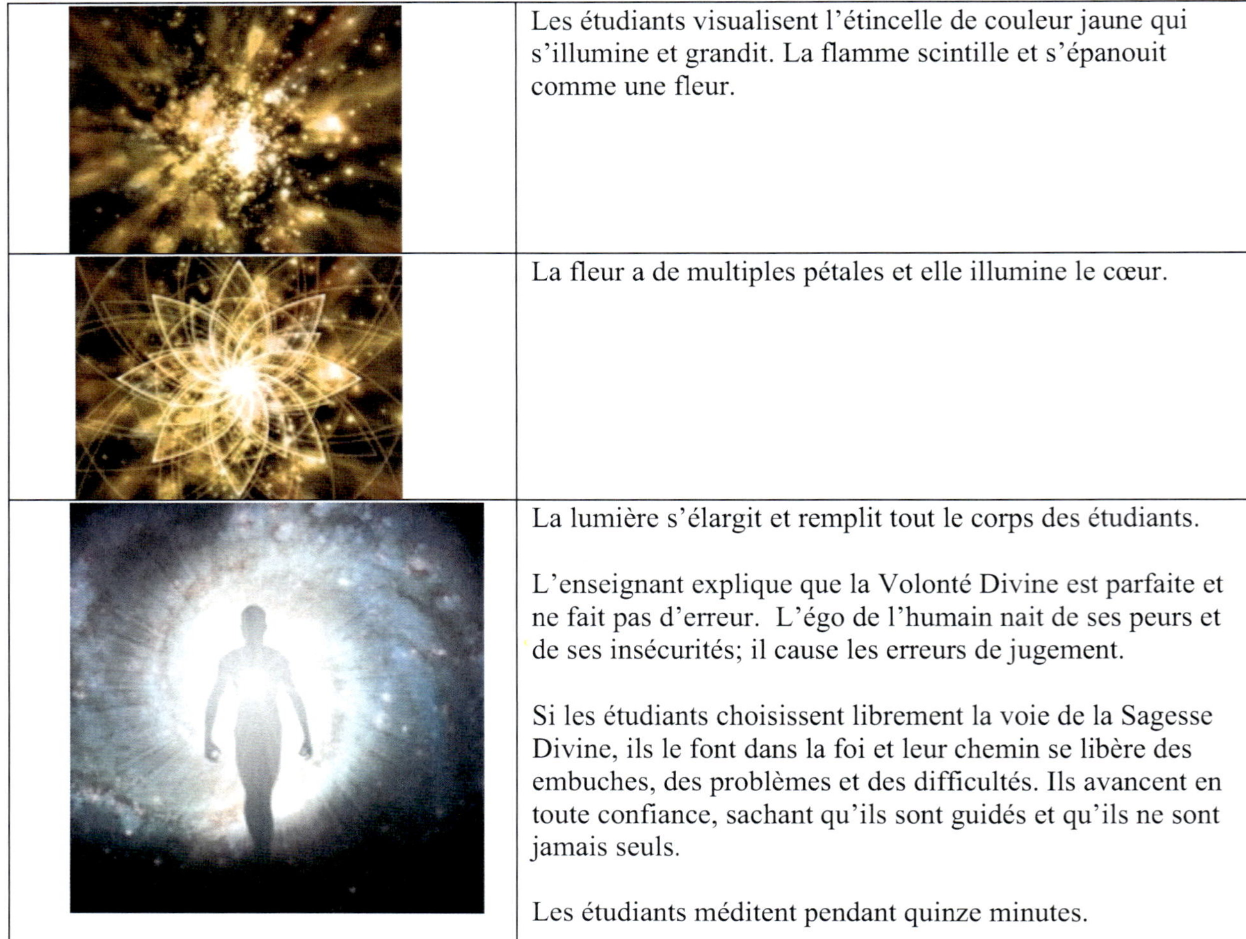

	Les étudiants visualisent l'étincelle de couleur jaune qui s'illumine et grandit. La flamme scintille et s'épanouit comme une fleur.
	La fleur a de multiples pétales et elle illumine le cœur.
	La lumière s'élargit et remplit tout le corps des étudiants. L'enseignant explique que la Volonté Divine est parfaite et ne fait pas d'erreur. L'égo de l'humain nait de ses peurs et de ses insécurités; il cause les erreurs de jugement. Si les étudiants choisissent librement la voie de la Sagesse Divine, ils le font dans la foi et leur chemin se libère des embuches, des problèmes et des difficultés. Ils avancent en toute confiance, sachant qu'ils sont guidés et qu'ils ne sont jamais seuls. Les étudiants méditent pendant quinze minutes.

Cette énergie du soleil central remplit les étudiants de lumière et continue l'échange d'énergie entre le centre de la Terre et le centre de l'Univers. Après quinze minutes, l'enseignant rappelle les étudiants à un niveau de conscience plus éveillée et les invite à ramener leur âme et la nouvelle énergie avec eux vers l'entrée de l'oasis, en redescendant les dix marches et en prenant le portail de retour à la salle de classe.

L'enseignant doit ensuite ramener la conscience des étudiants au moment présent, en leur demandant de bouger leurs doigts et leurs orteils, puis d'ouvrir leurs yeux quand ils sont prêts. Cette méditation est très puissante et demande habituellement quelques minutes pour que tout le monde soit pleinement conscient et prêt à continuer. L'expérience peut être partagée maintenant, ou à l'heure du lunch.

Il est possible que les étudiants sombrent dans une méditation profonde et n'entendent plus vos directives. Ayez confiance : la Source fait l'harmonisation, même si les étudiants ne suivent pas les directives. La méditation profonde est un signe de concentration et de foi envers le processus. Les résultats seront les mêmes. Les étudiants sont maintenant harmonisés aux nouveaux symboles et peuvent les utiliser lors de sessions de Reiki.

Harmonisation à l'Amour Divin Maitre Enseignant

<table>
<tr><td colspan="2">La pièce a déjà été nettoyée auparavant. Ceci est l'initiation à l'Amour Divin, qui va allumer et activer la flamme de l'Amour Divin dans le cœur des étudiants.

Ceux-ci sont assis en position confortable et ils ont activé leur Reiki. L'enseignant les invite les à prendre trois grandes respirations.</td></tr>
<tr><td></td><td>L'enseignant invite ensuite les étudiants à passer à travers le portail qu'il a créé pour les transporter à l'oasis d'initiation.</td></tr>
<tr><td></td><td>Une fois la porte passée, ils montent dix marches.</td></tr>
<tr><td></td><td>Ils arrivent à un endroit qui leur permet de voir l'oasis. Il y a un passage à gauche, le long de la falaise qui les mène à l'oasis. L'enseignant invite les étudiants à trouver un endroit où s'assoir et à ressentir les énergies de la Terre et des racines des arbres qui s'étendent autour d'eux et qui connectent avec toute la végétation qui les entoure. Les étudiants visualisent l'énergie autour d'eux ainsi que l'énergie qui circule à travers leur corps et qui est distribuée à travers les racines.
Les étudiants visualisent ensuite leur propre énergie, qui circule de leur chakra de la couronne jusqu'à leurs propres racines. Ils laissent entrer la lumière du Reiki dans leur canal central et se loger dans le chakra du cœur de l'Amour Universel.</td></tr>
</table>

	Les étudiants visualisent l'étincelle de couleur rose qui s'illumine et grandit. La flamme scintille et s'épanouit comme une fleur.
	La fleur a de multiples pétales et elle illumine le cœur.
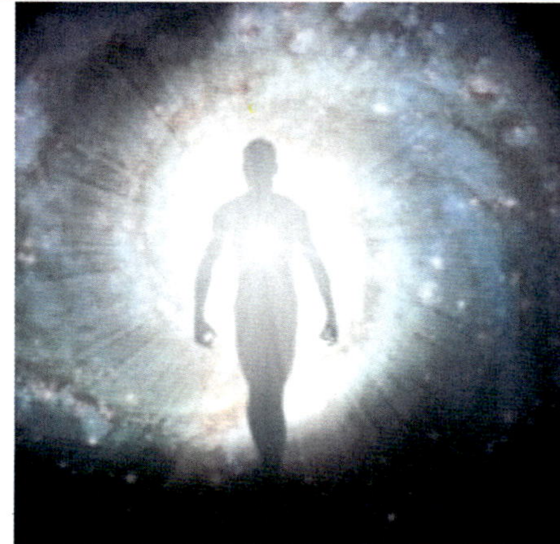	La lumière s'élargit et remplit tout le corps des étudiants. L'enseignant explique que l'Amour Divin est un amour d'acceptation, qui dépasse l'amour inconditionnel. C'est un amour au-delà des limites physiques, qui comprend le pardon, la compréhension, le partage ainsi que le don de soi pour la communauté dans laquelle on vit. Si les étudiants choisissent librement la voie de l'Amour Divin, ils le font dans la foi et ils reçoivent constamment l'amour du Créateur dans tout ce qu'ils font, disent et pensent. Les étudiants méditent pendant quinze minutes.

Cette énergie du soleil central remplit les étudiants de lumière et continue l'échange d'énergie entre le centre de la Terre et le centre de l'Univers. Après quinze minutes, l'enseignant rappelle les étudiants à un niveau de conscience plus éveillée et les invite à ramener leur âme et la nouvelle énergie avec eux vers l'entrée de l'oasis, en redescendant les dix marches et en prenant le portail de retour à la salle de classe.

L'enseignant doit ensuite ramener la conscience des étudiants au moment présent, en leur demandant de bouger leurs doigts et leurs orteils, puis d'ouvrir leurs yeux quand ils sont prêts. Cette méditation est très puissante et demande habituellement quelques minutes pour que tout le monde soit pleinement conscient et prêt à continuer. L'expérience peut être partagée maintenant, ou à l'heure du lunch.

Il est possible que les étudiants sombrent dans une méditation profonde et n'entendent plus vos directives. Ayez confiance : la Source fait l'harmonisation, même si les étudiants ne suivent pas les directives. La méditation profonde est un signe de concentration et de foi envers le processus. Les résultats seront les mêmes. Les étudiants sont maintenant harmonisés aux nouveaux symboles et peuvent les utiliser lors de sessions de Reiki.

Harmonisation des 2 chakras du cœur en un du Maitre Enseignant

<table>
<tr><td colspan="2">La pièce a déjà été nettoyée auparavant. Ceci est l'initiation qui permet d'ancrer les harmonisations de la Volonté Divine, de la Sagesse Divine et de l'Amour Divin dans le chakra du cœur d'amour inconditionnel, afin d'intégrer l'harmonisation dans l'expérience Humaine.

Les étudiants sont assis en position confortable et ils ont activé leur Reiki. L'enseignant invite les étudiants à prendre trois grandes respirations.</td></tr>
<tr><td></td><td>L'enseignant invite ensuite les étudiants à passer à travers le portail qu'il a créé pour les transporter à l'oasis d'initiation.</td></tr>
<tr><td></td><td>Une fois la porte passée, ils montent dix marches.</td></tr>
<tr><td></td><td>Ils arrivent à un endroit qui leur permet de voir l'oasis. Il y a un passage à gauche, le long de la falaise qui les mène à l'oasis. L'enseignant invite les étudiants à trouver un endroit où s'assoir et à ressentir les énergies de la Terre et des racines des arbres qui s'étendent autour d'eux et qui connectent avec toute la végétation qui les entoure. Les étudiants visualisent l'énergie autour d'eux ainsi que l'énergie qui circule à travers leur corps et qui est distribuée à travers les racines.
Les étudiants visualisent ensuite leur propre énergie, qui circule de leur chakra de la couronne jusqu'à leurs propres racines. Ils laissent entrer la lumière du Reiki dans leur canal central et se loger dans le chakra du cœur de l'Amour Universel.</td></tr>
</table>

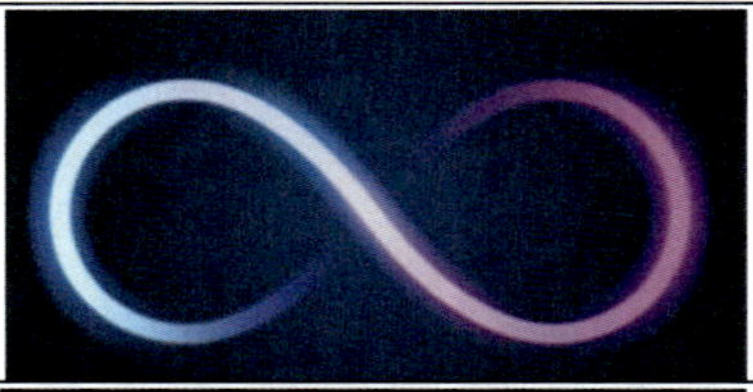	Les étudiants visualisent le symbole d'infinité, qui circule dans le chakra de l'Amour Universel (Rose) et qui traverse le cœur de l'amour inconditionnel (vert).
	Le symbole unifie les deux énergies et les élève à une autre vibration, qui change la couleur des deux cœurs en or.
	La lumière s'élargit et remplit tout le corps des étudiants. L'enseignant explique que l'harmonisation amène la vibration divine dans tous leur corps physique et remplit leur Aura. Si les étudiants choisissent librement d'activer les énergies divines en eux, ils le font dans la foi et aucun symbole n'est nécessaire. Il leur suffit de méditer et, ainsi, de rester connectés à la source pour que cette énergie émane d'eux et tout autour. Les étudiants voient le portail se dessiner devant eux. Le portail prend forme et devient clair et précis. Il prend une forme unique pour chaque étudiant. C'est à travers ce portail que les étudiants, maintenant devenus enseignants, vont faire passer leurs futurs étudiants pour les amener au mont Kurama ou à l'oasis.

Cette énergie du soleil central remplit les étudiants de lumière et continue l'échange d'énergie entre le centre de la Terre et le centre de l'Univers. Après quinze minutes, l'enseignant rappelle les étudiants à un niveau de conscience plus éveillée et les invite à ramener leur âme et la nouvelle énergie avec eux vers l'entrée de l'oasis, en redescendant les dix marches et en prenant le portail de retour à la salle de classe.

L'enseignant doit ensuite ramener la conscience des étudiants au moment présent, en leur demandant de bouger leurs doigts et leurs orteils, puis d'ouvrir leurs yeux quand ils sont prêts. Cette méditation est très puissante et demande habituellement quelques minutes pour que tout le monde soit pleinement conscient et prêt à continuer. L'expérience peut être partagée maintenant, ou à l'heure du lunch.

Il est possible que les étudiants sombrent dans une méditation profonde et n'entendent plus vos directives. Ayez confiance : la Source fait l'harmonisation, même si les étudiants ne suivent pas les directives. La méditation profonde est un signe de concentration et de foi envers le processus. Les résultats seront les mêmes. Les étudiants sont maintenant harmonisés aux nouveaux symboles et peuvent les utiliser lors de sessions de Reiki.

Comment Créer un Portail

L'enseignant doit créer un portail pour amener ses élèves au mont Kurama, au Japon, ainsi qu'à l'oasis pour activer et ancrer la divinité en eux.

Le portail est ouvert lors de la dernière harmonisation du Maître Enseignant, au moment de l'unification des deux cœurs.

L'enseignant, ayant expérimenté son propre portail, reconnaîtra sa nature unique et pourra l'ouvrir à volonté à chaque fois qu'il souhaitera retourner au mont Kurama ou à l'oasis.

HARMONISATION DE SOI

Vous pouvez effectuer l'une des initiations précédentes sur vous-même. Cependant, les gens font généralement plutôt une harmonisation de guérison ou une harmonisation psychique sur eux-mêmes. Pour ce faire, vous utiliserez un substitut pour vous représenter.

Vous ferez une harmonisation distante avec vous-même dans le futur; réglez-la 15 minutes plus tard, afin que vous ayez terminé l'harmonisation elle-même et que vous puissiez recevoir l'énergie, une fois le processus terminé.

Personnellement, je préfère utiliser une grande poupée ou un grand animal en peluche. Utilisez le symbole distant pour vous lier, puis définissez votre intention de libérer l'intégralité de l'harmonisation dans le futur (15 minutes plus tard), une fois votre processus terminé. Ensuite, continuez simplement en suivant les étapes décrites précédemment pour l'harmonisation de votre choix.

C'est le moyen le plus simple de réaliser des auto-harmonisations, à moins que vous ne connaissiez la méthode de Substitution, utilisant un ami pour prendre votre place. Dans les deux cas, vous utiliserez le symbole de longue distance pour relier l'harmonisation à vous.

HARMONISATION PSYCHIQUE

Les harmonisations psychiques sont un excellent moyen d'aider une personne à ouvrir son sens « Clair ». Il y a plus de trois sens « Clairs », mais je vous présente les trois dons les plus demandés: clairvoyant, clairaudient et clairsentient. Ces harmonisations n'ont rien à voir avec la capacité d'utiliser des symboles Reiki et sont strictement réservées à l'ouverture et à l'amplification des dons.

Tous les sens sont associés au 3e œil : même si vous entendez avec vos oreilles, la clairaudience entre par le 3e œil.

La clairvoyance permet à une personne d'avoir une capacité surnaturelle de percevoir au-delà du contact sensoriel normal. Cela peut prendre la forme de lumières, de couleurs, de formes, d'anges, d'Élémentaux, d'aura, d'énergie, etc.

La clairaudience permet à une personne d'entendre des sons censés exister hors de la portée d'une expérience ou d'une capacité ordinaire, comme par exemple les voix des morts. Cela permet également d'être guidé et inspiré par les paroles de chansons ou de poèmes. C'est une capacité qui vous aide à entendre des instructions claires, qui peuvent venir de votre moi supérieur, pour vous aider à trouver le but de votre âme.

Le clairsentient est un individu qui perçoit (comme avec un « sixième sens ») en ressentant ou en ayant des connaissances à propos d'un objet. Il a la possibilité de visualiser un élément, sans voir une image de l'élément en question. Dans ma pratique du Reiki, c'est souvent ainsi que je ressens les blocages d'énergie, leur taille et leur forme. Je peux ressentir ce que les autres ressentent, comme si mon corps devenait le miroir de leur expérience personnelle.

Harmonisation de clairvoyance

Vous devez d'abord préparer la salle:

1. Faites une prière et activez le Reiki.
2. Dessinez chaque symbole au centre de la pièce et voyez-les se déposer sur chaque mur et sur le plafond, en formant une boîte de leur couleur.
    a) Cho Ku Rei (rouge)
    b) Sei Hi Ki (bleu)
    c) Hon Sha Ze Sho Nen (jaune / or)
    d) Dai Ko Myo (violet)

3. Voyez, à l'intérieur du cœur de l'élève et en vous-même, des flammes (rose, bleue et jaune).
4. Mettez vos mains au-dessus de l'élève et dites dans votre tête : « Ceci est une harmonisation psychique de clairvoyance. »

Préparez l'étudiant:

5. Placez vos mains au-dessus de sa tête.
6. Connectez-vous avec l'élève.
7. Ouvrez son canal central en y dirigeant directement le Reiki.
8. Prenez chaque symbole dans chaque chakra (ascenseur) :
    a) Cho Ku Rei (rouge)
    b) Sei Hi Ki (bleu)
    c) Hon Sha Ze Sho Nen (jaune / or)
    d) Dai Ko Myo (violet)

Commencez l'harmonisation en vous plaçant à côté de l'étudiant:

9. Voyez, dans chacune de vos mains, une pyramide à base triangulaire en or.
10. Placez vos mains devant le front de l'étudiant et à l'arrière de sa tête.
11. Voyez une lumière d'or jaillir du sommet de la pyramide pour se joindre au centre de son 3e œil.
12. Ayez l'intention d'éclaircir sa vue.

Allez derrière l'étudiant:

13. Dessinez Sei Hi Ki au-dessus de sa tête et voyez-le se déplacer à travers:
    a) la couronne;
    b) le 3e œil;
    c) le chakra de la manifestation.

14. Dessinez chaque symbole devant le 3e œil :
    a) Usui Daykomyo;
    b) Hon sha ze sho nen;
    c) Sei Hi Ki.

15. Dessinez Cho Ku Rei sur son cœur et dites ce nom trois fois.
16. Dessinez Cho Ku Rei sur le chakra sacral et dites ce nom trois fois.

Déplacez-vous vers le côté de l'étudiant:

17. Voyez, dans chacune de vos mains, une pyramide à base triangulaire en or.
18. Placez vos mains devant le front de l'étudiant et à l'arrière de sa tête.
19. Voyez une lumière d'or jaillir du sommet de la pyramide pour se joindre au centre de son 3e œil.
20. Ayez l'intention d'éclaircir sa vue.

Déplacez-vous vers l'avant de l'étudiant:

21. Dessinez Cho Ku Rei sur le 3e œil et dites ce nom trois fois.
22. Dessinez Cho Ku Rei sur le cœur et dites ce nom trois fois.
23. Dessinez Cho Ku Rei sur le chakra sacral et dites ce nom trois fois.

Déplacez-vous vers le côté de l'étudiant:

24. Voyez, dans chacune de vos mains, une pyramide à base triangulaire en or.
25. Placez vos mains devant le front de l'étudiant et à l'arrière de sa tête.
26. Voyez une lumière d'or jaillir du sommet de la pyramide pour se joindre au centre de son 3e œil.
27. Gardez l'intention de dégager sa vue; voyez le 3e œil clairement dessiné et ouvert.
28. Écartez-vous et dites : "Votre sens clairvoyant est maintenant clair et éveillé."
29. Fermez votre Reiki et faites votre prière de gratitude.

Harmonisation de clairaudience

Vous devez d'abord préparer la salle:

1. Faites une prière et activez le Reiki.
2. Dessinez chaque symbole au centre de la pièce et voyez-les se déposer sur chaque mur et sur le plafond, en formant une boîte de leur couleur.
   a) Cho Ku Rei (rouge)
   b) Sei Hi Ki (bleu)
   c) Hon Sha Ze Sho Nen (jaune / or)
   d) Dai Ko Myo (violet)

3. Voyez, à l'intérieur du cœur de l'élève et en vous-même, des flammes (rose, bleue et jaune).
4. Mettez vos mains au-dessus de l'élève et dites dans votre tête : « Ceci doit être une harmonisation psychique de clairaudience. »

Préparez l'étudiant:

5. Placez vos mains au-dessus de sa tête.
6. Connectez-vous avec l'élève.
7. Ouvrez son canal central en y dirigeant directement le Reiki.
8. Prenez chaque symbole dans chaque chakra (ascenseur) :
   a) Cho Ku Rei (rouge)
   b) Sei Hi Ki (bleu)
   c) Hon Sha Ze Sho Nen (jaune / or)
   d) Dai Ko Myo (violet)

Commencez l'harmonisation en vous plaçant à côté de l'étudiant:

9. Voyez, dans chacune de vos mains, une pyramide à base triangulaire en or.
10. Placez vos mains devant le front de l'étudiant et à l'arrière de sa tête.
11. Voyez une lumière d'or jaillir du sommet de la pyramide pour se joindre au centre de son 3e œil.
12. Ayez l'intention d'éclaircir son habileté d'entendre.

Allez derrière l'étudiant:

13. Dessinez Sei Hi Ki au-dessus de sa tête et voyez-le se déplacer à travers:
    a. la couronne;
    b. le 3e œil;
    c. le chakra de la manifestation.

14. Dessinez chaque symbole sur le chakra de la gorge et dites le nom de chacun trois fois :
    a) Usui Dai Ko Myo;
    b) Hon Sha Ze Sho Nen;
    c) Sei Hi Ki.

15. Dessinez Cho Ku Rei sur le chakra de base et dites ce nom trois fois.
16. Dessinez Cho Ku Rei sur le 3e œil et dites ce nom trois fois.

Déplacez-vous vers le côté de l'étudiant:

17. Voyez, dans chacune de vos mains, une pyramide à base triangulaire en or.
18. Placez vos mains devant leur gorge et la nuque.
19. Voyez une lumière d'or jaillir du sommet de la pyramide pour se joindre au centre de sa gorge.
20. Ayez l'intention d'éclaircir son audition.

Déplacez-vous vers l'avant de l'étudiant:

21. Dessinez Cho Ku Rei sur la gorge, et dites ce nom trois fois.
22. Dessinez Cho Ku Rei sur le chakra de base et dites ce nom trois fois.
23. Dessinez Cho Ku Rei sur le 3e œil et dites ce nom trois fois.

Déplacez-vous vers le côté de l'étudiant:

24. Voyez, dans chacune de vos mains, une pyramide à base triangulaire en or.
25. Placez vos mains devant la gorge et derrière la nuque de l'étudiant.
26. Voyez une lumière d'or jaillir du sommet de la pyramide pour se joindre au centre de sa gorge.
27. Ayez l'intention d'ouvrir son audition; voyez ses oreilles ouvertes, remplies de couleur bleu clair et connectées au chakra de la gorge.
28. Écartez-vous et dites "Votre sens de clairaudience est maintenant clair et éveillé."
29. Fermez votre Reiki et faites votre prière de gratitude.

Harmonisation de clairsentience

Vous devez d'abord préparer la salle:

1. Faites une prière et activez le Reiki.
2. Dessinez chaque symbole au centre de la pièce et voyez-les se déposer sur chaque mur et sur le plafond, en formant une boîte de leur couleur.
   a) Cho Ku Rei (rouge)
   b) Sei Hi Ki (bleu)
   c) Hon Sha Ze Sho Nen (jaune / or)
   d) Dai Ko Myo (violet)

3. Voyez, à l'intérieur du cœur de l'élève et en vous-même, les flammes rose, bleue et jaune.
4. Mettez vos mains au-dessus de l'élève et dites dans votre tête : « Ceci doit être une harmonisation psychique de clairsentience."

Préparez l'étudiant:

5. Placez vos mains au-dessus de sa tête.
6. Connectez-vous avec l'élève.
7. Ouvrez son canal central en y dirigeant directement le Reiki.
8. Prenez chaque symbole dans chaque chakra (ascenseur) :
   a) Cho Ku Rei (rouge)
   b) Sei Hi Ki (bleu)
   c) Hon Sha Ze Sho Nen (jaune / or)
   d) Dai Ko Myo (violet)

Commencez l'initiation en vous plaçant à côté de l'étudiant:

9. Voyez, dans chacune de vos mains, une pyramide à base triangulaire en or.
10. Placez vos mains devant le front de l'étudiant et à l'arrière de sa tête.
11. Voyez une lumière dorée jaillir du haut de la pyramide pour se joindre au centre de son 3e œil.
12. Gardez l'intention d'améliorer sa capacité à ressentir.

Allez derrière l'étudiant:

13. Dessinez Sei Hi Ki au-dessus de sa tête et voyez-le se déplacer à travers:
   a) la couronne;
   b) le 3e œil;
   c) le chakra de la manifestation.

14. Dessinez chaque symbole sur le chakra du plexus solaire et dites le nom de chacun trois fois :
   a) Usui Dai Ko Myo;
   b) Hon Sha Ze Sho Nen;
   c) Sei Hi Ki.

15. Dessinez Cho Ku Rei sur le chakra sacral et dites ce nom trois fois.
16. Dessinez Cho Ku Rei sur le chakra du cœur et dites ce nom trois fois.

Déplacez-vous sur le côté:

17. Voyez, dans chacune de vos mains, une pyramide à base triangulaire en or.
18. Placez vos mains devant et derrière le plexus solaire de l'étudiant.
19. Voyez une lumière d'or jaillir du sommet de la pyramide pour se joindre au centre de son plexus solaire.
20. Gardez l'intention d'améliorer sa capacité à ressentir.

Déplacer vers l'avant:

21. Dessinez Cho Ku Rei sur le plexus solaire et dites ce nom trois fois.
22. Dessinez Cho Ku Rei sur le chakra sacral et dites ce nom trois fois.
23. Dessinez Cho Ku Rei sur le chakra du cœur et dites ce nom trois fois.

Déplacez-vous vers le côté de l'étudiant:

24. Voyez, dans chacune de vos mains, une pyramide à base triangulaire en or.
25. Placez vos mains à l'avant et à l'arrière du plexus solaire de l'étudiant.
26. Voyez une lumière d'or jaillir du sommet de la pyramide pour se joindre au centre de son plexus solaire.
27. Ayez l'intention d'ouvrir sa sensibilité; voyez le plexus solaire ouvert, rempli de couleur bleu clair et connecté à la sensibilité du corps.

28. Écartez-vous et dites : "Votre sens de clairsentience est maintenant ouvert et éveillé."
29. Fermez votre Reiki et faites votre prière de gratitude.

Méditation du matin

- Juste pour aujourd'hui, j'exprime de la compassion pour tous les êtres vivants.
- Juste pour aujourd'hui, je rayonne pour répandre la paix autour de moi.
- Juste pour aujourd'hui, j'ai foi dans le plan divin.
- Juste pour aujourd'hui, je fais confiance à ma puissance supérieure pour me guider dans la sagesse.
- Juste pour aujourd'hui, je démontre mon amour par mes actions, par mes paroles et par mes pensées.
- Juste pour aujourd'hui, je suis reconnaissant(e) pour….

Prière pour la sérénité

Dieu, accorde-moi la sérénité d'accepter les choses que je ne peux pas changer, le courage de changer celles que je peux changer et la sagesse d'en connaître la différence.

Prière d'ouverture

Cher (votre source de pouvoir) ou Mère Père Dieu, je viens devant vous aujourd'hui pour (énoncer le but, c'est-à-dire donner du Reiki, donner du Reiki à longue distance, donner une harmonisation) à (nom de la personne qui reçoit l'énergie) pour son le plus grand bien. Puissé-je être le conduit de l'énergie et que cela se fasse selon votre volonté divine, votre sagesse divine et votre amour divin.

Prière de clôture

Cher (votre source de pouvoir) ou Mère Père Dieu, je vous remercie pour l'occasion de (énoncer le but, c'est-à-dire donner du Reiki, donner du Reiki à longue distance, donner une harmonisation) à (nom de la personne qui reçoit l'énergie) pour son plus grand bien. Conformément à votre volonté divine, à votre sagesse divine et à votre amour divin.

APPENDIX

Méridiens du corps

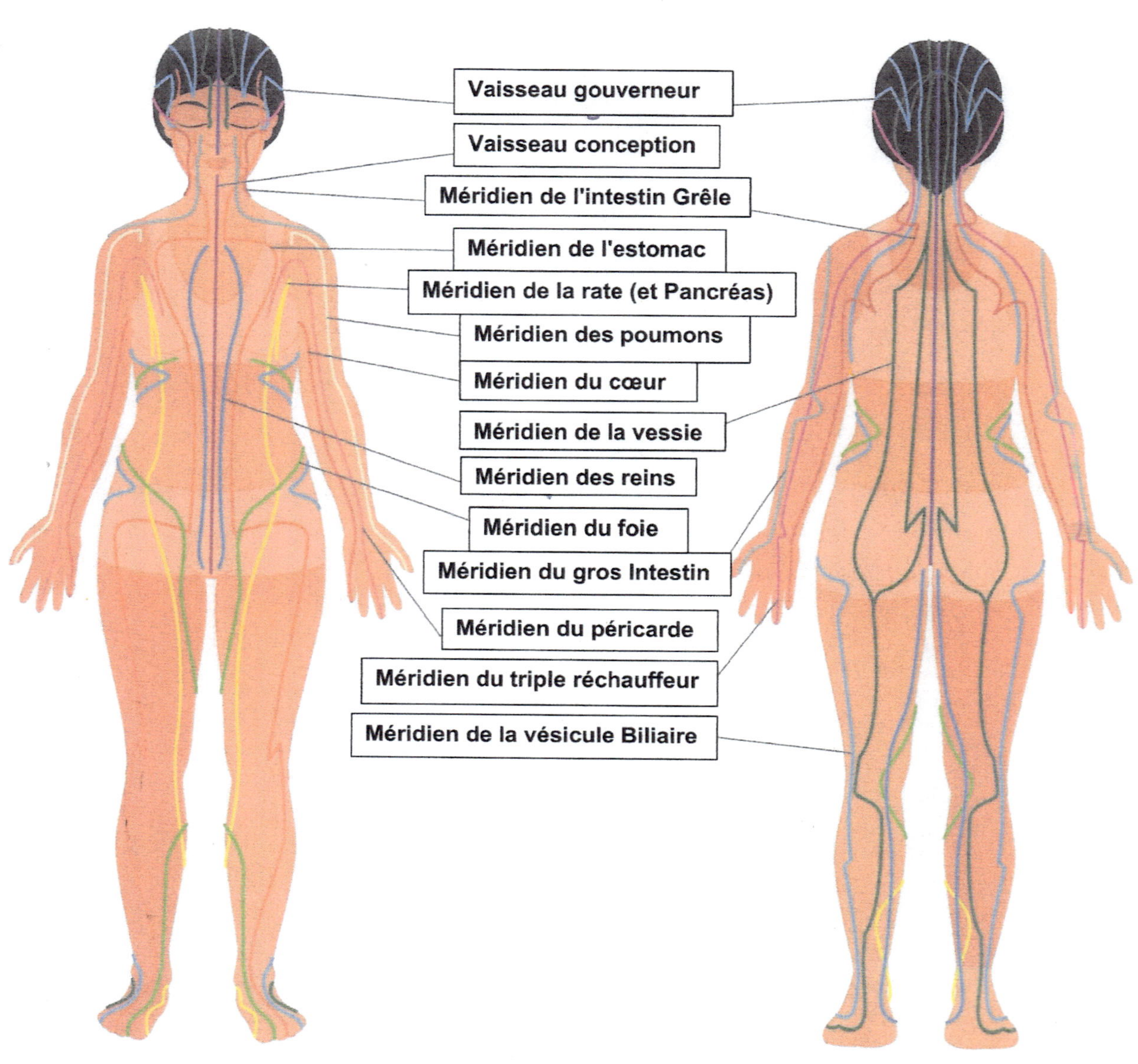

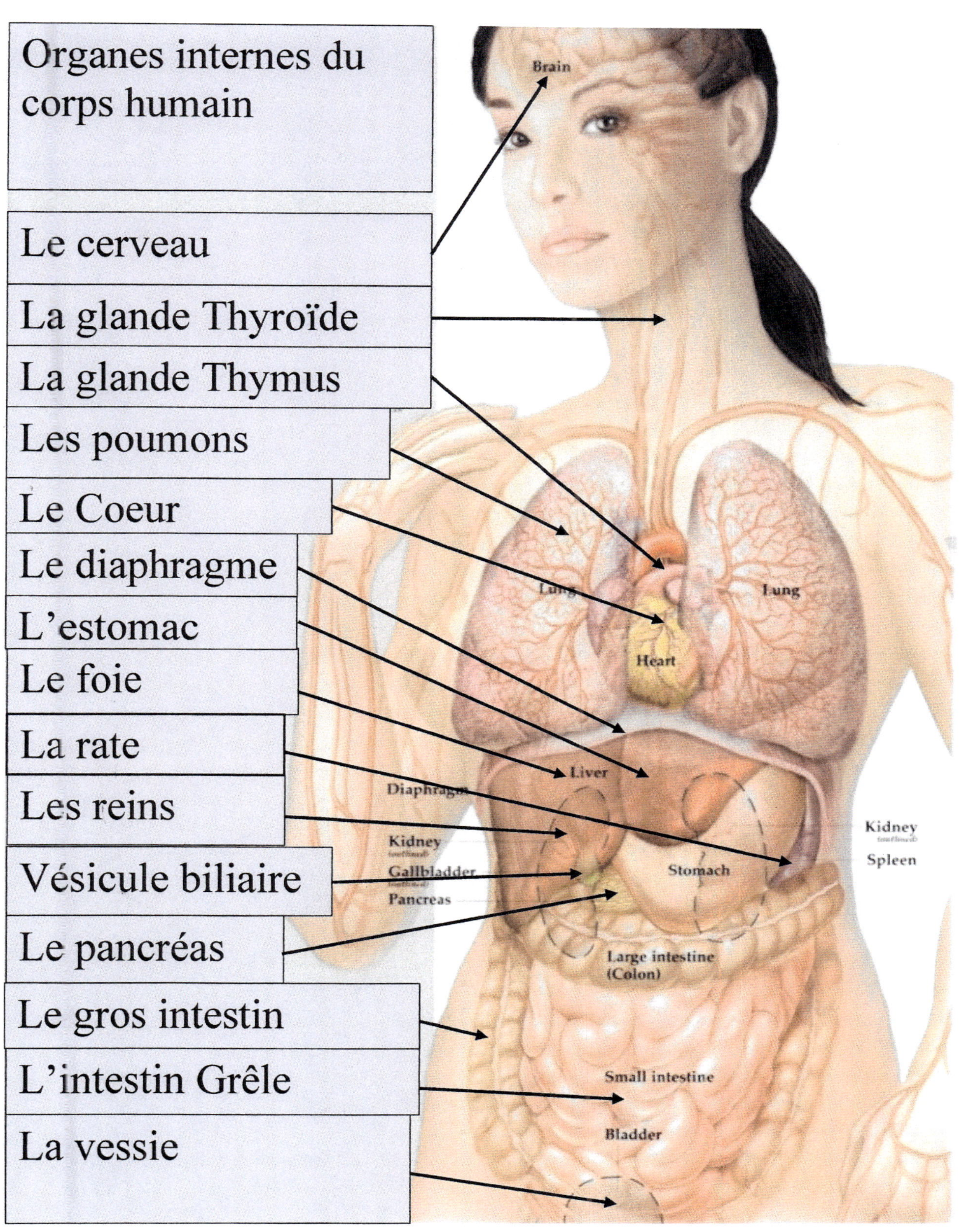
Organes internes du corps humain
Le cerveau
La glande Thyroïde
La glande Thymus
Les poumons
Le Coeur
Le diaphragme
L'estomac
Le foie
La rate
Les reins
Vésicule biliaire
Le pancréas
Le gros intestin
L'intestin Grêle
La vessie
Brain
Lung
Lung
Heart
Liver
Diaphragm
Kidney
Gallbladder
Pancreas
Stomach
Kidney
Spleen
Large intestine
(Colon)
Small intestine
Bladder

Le système endocrinien

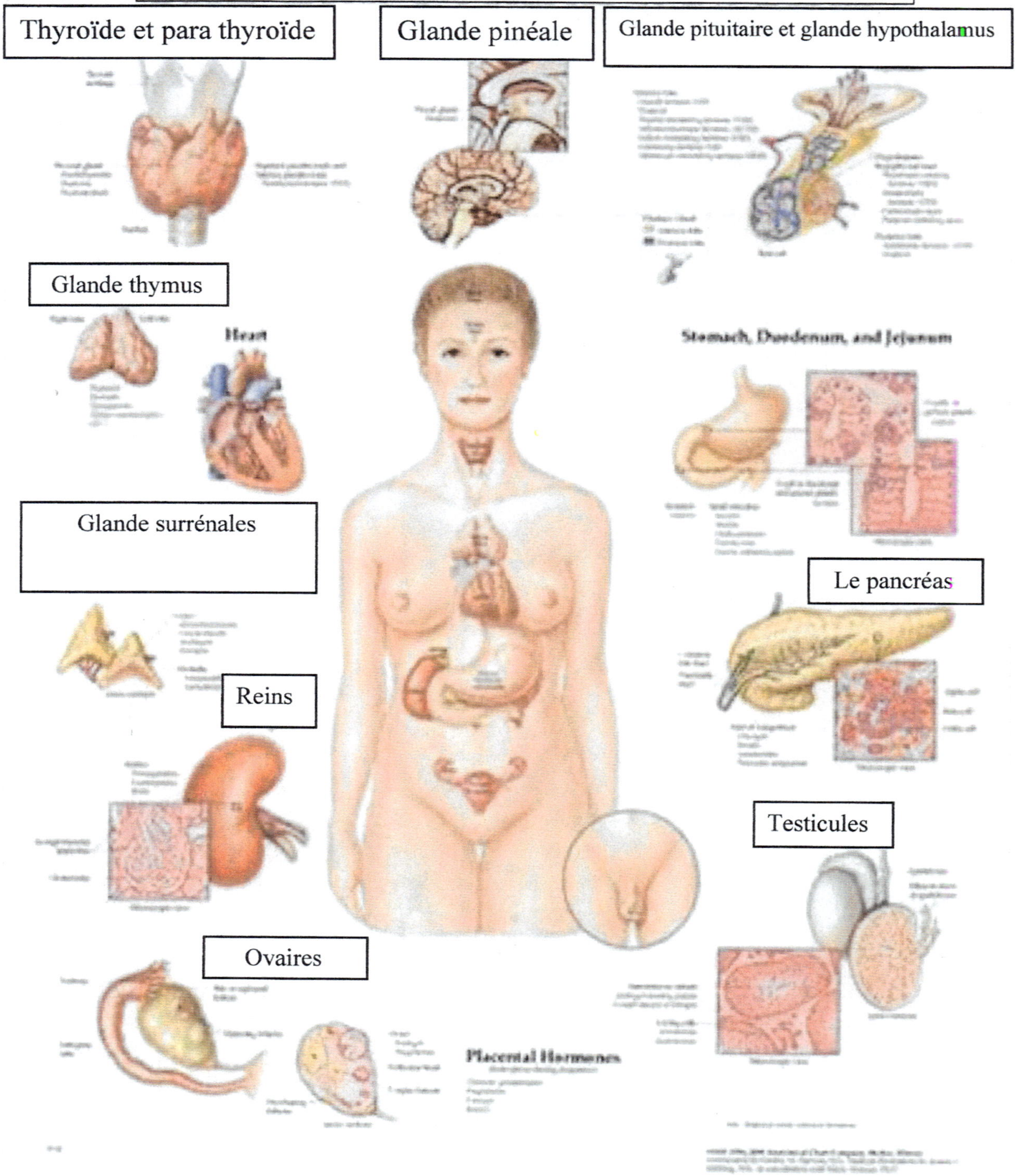

Thyroïde et para thyroïde

Glande pinéale

Glande pituitaire et glande hypothalamus

Glande thymus

Heart

Stomach, Duodenum, and Jejunum

Glande surrénales

Le pancréas

Reins

Testicules

Ovaires

Placental Hormones

Auteure Sonya Roy

Sonya a reçu sa formation Reiki, niveau 1, à Vancouver en 2012, de Chrysta-Lynn. Elle a poursuivi sa formation de Reiki, niveau 2, à Vancouver en 2013, de Chrysta-Lynn. Elle a reçu sa formation de maitre-praticienne à Vancouver en 2013, de Gail Thackray, et ensuite sa formation de maitre enseignante de Marie Baker.

En 2015, elle a créé un cours de Reiki shamanique basé sur les enseignements de sa grand-mère. Lors de son initiation au Reiki 2, elle a eu une vision de Maitre Mikao USUI, qui lui a donné le symbole pour le Reiki à longue distance.

Elle a ensuite continué sa formation en 2016 avec le Karuna Reiki, par William RAND, à Hawaii.

Sonya pratiquait déjà la guérison énergétique, telle que sa grand-mère, Marie-Jeanne Laniel dite Desrosiers, le lui avait enseigné à l'âge de 14 ans. Elle a publié sa transformation spirituelle dans son livre « Moi, Dragon : une biographie d'une Transformation Spirituelle ».

En 2013, à Vancouver, elle a fondé un centre de Bienêtre, nommé le REDU Wellness Center, et a commencé à offrir des soins de guérison énergétique et à donner des cours de Reiki ainsi que d'autres formations shamaniques. En 2017, elle a ouvert l'Institut de la Conscience Éveillée, au Québec. Elle offre maintenant, en anglais et en français, ses cours au Canada, aux États-Unis, en Europe et en Amérique de Sud.

Sonya Roy *L'apprentissage du Reiki est transmis de maitre à étudiant. Le lignage montre de qui les maitres Reiki ont appris dans une ligne directe, ramenant au fondateur original, Maitre Usui.*

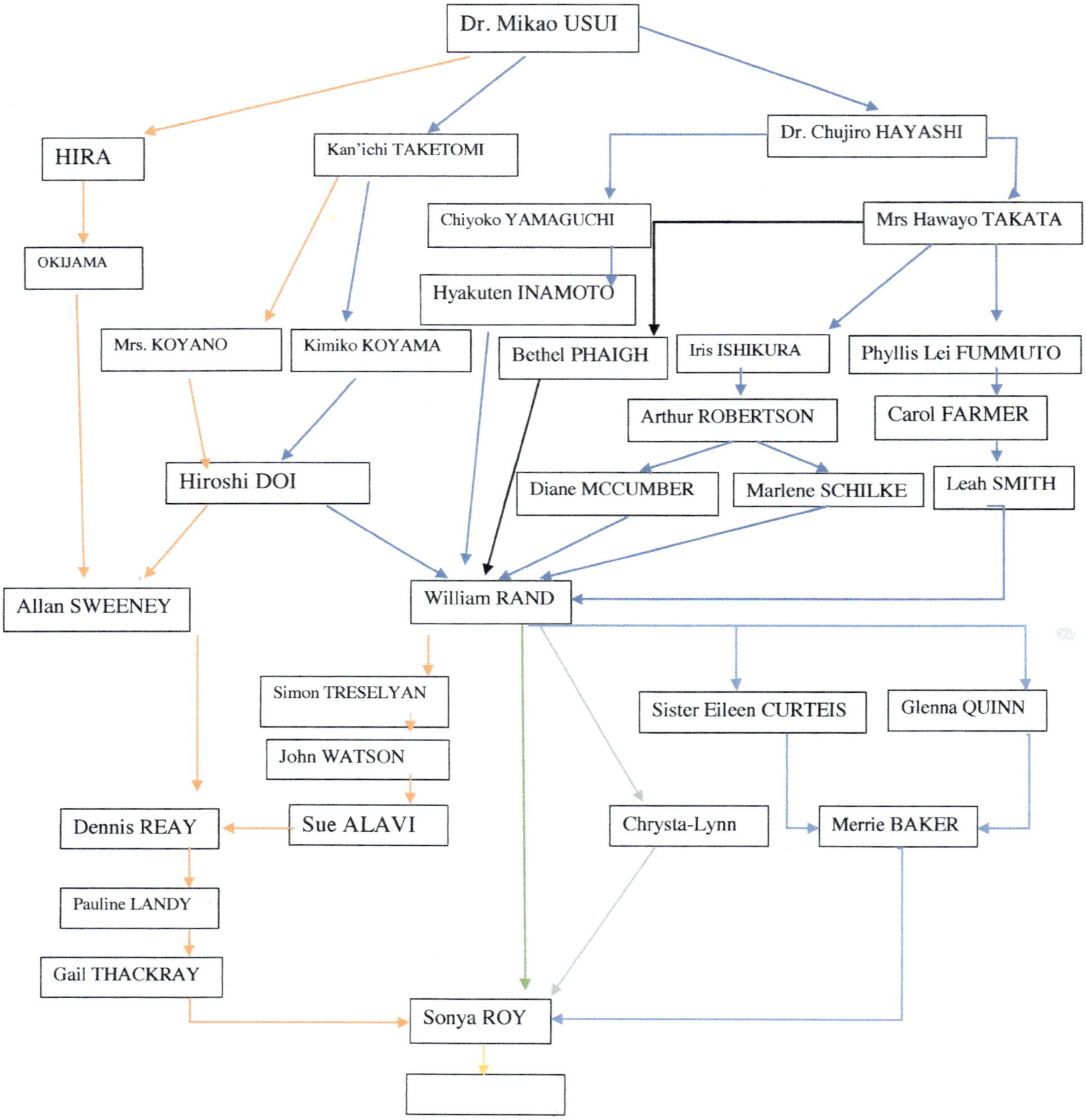

Dr. Mikao USUI

HIRA

Kan'ichi TAKETOMI

Dr. Chujiro HAYASHI

OKIJAMA

Chiyoko YAMAGUCHI

Mrs Hawayo TAKATA

Hyakuten INAMOTO

Mrs. KOYANO

Kimiko KOYAMA

Bethel PHAIGH

Iris ISHIKURA

Phyllis Lei FUMMUTO

Arthur ROBERTSON

Carol FARMER

Hiroshi DOI

Diane MCCUMBER

Marlene SCHILKE

Leah SMITH

Allan SWEENEY

William RAND

Simon TRESELYAN

Sister Eileen CURTEIS

Glenna QUINN

John WATSON

Dennis REAY

Sue ALAVI

Chrysta-Lynn

Merrie BAKER

Pauline LANDY

Gail THACKRAY

Sonya ROY

Références

Les 13 chakras de l'ancienne Égypte de Sonya Roy, édition la conscience éveillée, 2018

Animal Speak : the spiritual & magical powers of creatures great and small. By Ted Andrews, Llewellyn, 2016

La bible du Reiki,3e édition de Éléanor McKenzie aux Éditions Tredaniel , 2016

Class notes from Christa-Lynn, 2012-2013

Class notes from Merrie Baker Master Teacher, 2013

Essential Reiki : a complete guide to an ancient healing art by Diane Stein , the crossing press 1995

The Lost Steps of Reiki: The Channeled Messages of Wei Chi, de Kevin Ross Emery and Thomas A. Hensel, light lines publishing, 1 mai 1997.

Moi, dragon : biographie d'une transformation Spirituelle de Sonya Roy, édition la conscience éveillée, 2019

Reiki: the healing touch; 1st and 2nd degree manual updated edition by William Rand , Vision publications 2008

Reiki Usui & Tibetan level 1 certification manual: Energy healing for beginners by Gail Thackray, Indian Spring Publishing, 2012

Reiki Usui & Tibetan level 2 certification manual: Practitioner level energy healing by Gail Thackray, Indian Spring Publishing, 2012

Reiki Usui & Tibetan Level 3 Certification Manual: Advance Reiki Training by Gail Thackray, Indian Spring Publishing, 2012

Reiki Usui & Tibetan Level 4 Certification Manual: Master/Teacher Level Energy Healing by Gail Thackray, Indian Spring Publishing, 2012

Reiki Shamanism: A guide to out-of-body healing by Jim Pathfinder Ewing, Findhorn Press, 2008

Sacred Flames Reiki by Allison Dalhaus a.k.a. Dharmadevi, Reiki Blessings Press, 2002

Télos 1 révélations de la nouvelle Lémurie, Aurélia Louise Jones, Mount Shasta light publishing, 2004

Télos 2 messages pour l'épanouissement d'humanité en transformation, Aurélia Louise Jones, Mount Shasta light publishing, 2004

Télos 3 Protocoles pour la cinquième dimension, Aurélia Louise Jones, Mount Shasta light publishing, 2006

Transformez Votre Vie: Une Pensée Positive Peut Changer Votre Vie, Louise Hay, Hay house, (2013-03-20)

Made in the USA
Columbia, SC
21 August 2021